■ **글, 그림_탑스페이스**
출판, 방송, 광고 영역을 아우르며 다양하게 활동하고 있습니다. 아름답고 예쁜 세상을 그리기 위해 글 쓰는 사람과 그림 그리는 사람들이 모인 기획사입니다.

글쓴이_홍대선
키보드의 경쾌한 소리가 늘 그리운 홍대선 작가.
자신의 생각에 신념을 지니려 깊이 연구하고 독자에게 전달하려는
야심 많은 글쟁이입니다. 현재 딴지일보의 기자, 필자로 일하고 계십니다.

■ **감수자_공달용**
경북대학교에서 고생물학을 전공하신 공달용 선생님. 고성공룡박물관 학예연구사로 일하시다가 현재 국립문화재연구소 학예연구사로 일하고 계십니다. 지은 책에는 『화석아! 지구는 몇 살이니?』, 『화석의 세계 Ⅰ, Ⅱ』, 『한국의 공룡 화석』 등이 있습니다.

초판 1쇄 발행 2010년 6월 1일 | **개정판 7쇄 발행** 2018년 7월 16일

글, 그림 · 탑스페이스 | **감수 · 공달용**

펴낸이 · 김준성 | **펴낸곳** · 도서출판 키움
기획 · 강정현, 오주현
마케팅 · 최근삼, 전만권, 강성연 | **관리** · 임성일

주소 · 경기도 파주시 문발로 115, 207호(문발동, 세종출판벤처타운)
전화 · 02-887-3271,2 | **팩스** · 031-941-3273
등록 · 2003.6.10(제18-144호) www.kwbook.com

ⓒ키움 2010
※ 이 책의 저작권에 관한 모든 권한은 키움출판사에 있으므로 무단 전재나 복제를 금합니다.
※ 파손된 도서는 구입하신 서점에서 교환하실 수 있습니다.

사라락...

안녕?

공룡이 정말 있었을까요?

성난 티라노사우루스가 울부짖고, 아파트 한 채만한 브라키오사우루스가 땅을 흔들며 지나가던 시절이 있었을까요?

네, 있었어요. 오랜 옛날, 우리가 사는 지구는 공룡이 살던 별이었어요. 한반도에도 수많은 공룡이 살았답니다.

학교에서, 길거리에서, 눈을 감고 1억 년 전의 지금 이곳을 상상해 봐요. 안개 낀 숲 속에서, 누가 여러분 곁을 맴도는지를……

글쓴이_ 홍대선

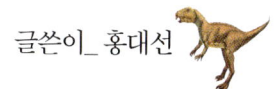

차례

공룡이 궁금해요   12
공룡의 조상   14

최초의 공룡

에오랍토르   26
무스사우루스   28
코엘로피시스   30

용반류 공룡

무서운 사냥꾼, 두 발 공룡 수각류

메갈로사우루스   36
알로사우루스   38
드워프알로사우어   40
아크로칸토사우루스   42
카르카로돈토사우루스   44
기가노토사우루스   46
티라노사우루스 렉스   48
타르보사우루스   50
고르고사우루스   52
알리오라무스   54
스피노사우루스   56
바리오닉스   58
수코미무스   60
카르노타우루스   62
케라토사우루스   64
딜로포사우루스   66
모놀로포사우루스   68

콤프소그나투스   70
벨로키랍토르   72
부이트레랍토르   74
아우스트로랍토르   76
유타랍토르   78
데이노니쿠스   80
드로마에오사우루스   82
밤비랍토르   84
미크로랍토르   86
트로오돈   88
진펭곱테릭스   90
갈리미무스   92
스트루티오미무스   94
테리지노사우루스   96
알사우루스   98
베이피아오사우루스   100

우리는 대부분 목이 길다지!

덩치 큰, 네 발 공룡 용각류

케티오사우루스	104	암피코엘리아스	114
슈노사우루스	106	바로사우루스	116
오메이사우루스	108	아파토사우루스	118
디플로도쿠스	110	브라키오사우루스	120
슈퍼사우루스	112	부경고사우루스	122

조반류 공룡

두 발로도 걷고 네 발로도 걷던 조각류

에드몬토사우루스	128		
람베오사우루스	130	코리토사우루스	136
파라사우롤로푸스	132	친타오사우루스	138
카로노사우루스	134	마이아사우라	140

머리에 뿔 달린, 네 발 공룡 각룡류

프로토케라톱스 144
트리케라톱스 146
모노클로니우스 148
펜타케라톱스 150
켄트로사우루스 152

나의 뿔 멋있지 않아?

골판과 골침이 난, 네 발 공룡 검룡류

스테고사우루스 156
후아양고사우루스 158
켄트로사우루스 160
투오지앙고사우루스 162

두꺼운 갑옷 입은, 네 발 공룡 곡룡류

안킬로사우루스 166
에우오플로케팔루스 168
사이카니아 170

나의 갑옷이 더 멋있지!

딱딱한 돌머리를 가진 공룡 후두류

스테고케라스 174
파키케팔로사우루스 176
미크로파키케팔로사우루스 178

공룡과 새 180
헤엄치는 파충류 184
하늘 나는 파충류 186
공룡 찾기 188

페이지 구성

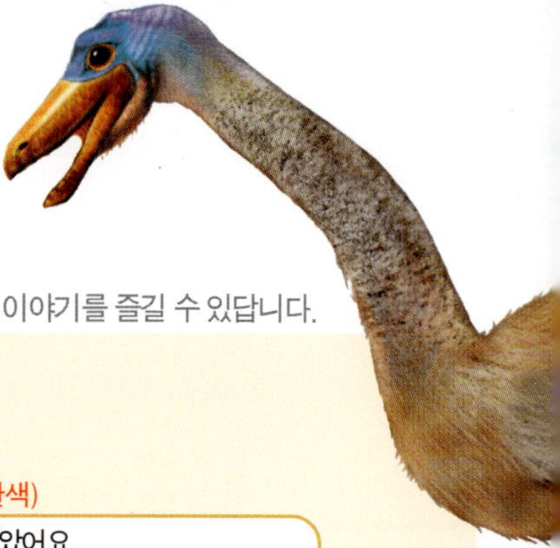

책을 읽기 전에 구성을 먼저 들여다보세요. 더 쉽고 재미있게 공룡 이야기를 즐길 수 있답니다.

색깔별로 구분한 식성
- 육식
- 초식
- 잡식

공룡이 살던 시대 (빨간색)
예) 백악기 전기에 살았어요.
트라이아스기 | 쥐라기 | 백악기

학문명과 이름

이름 뜻

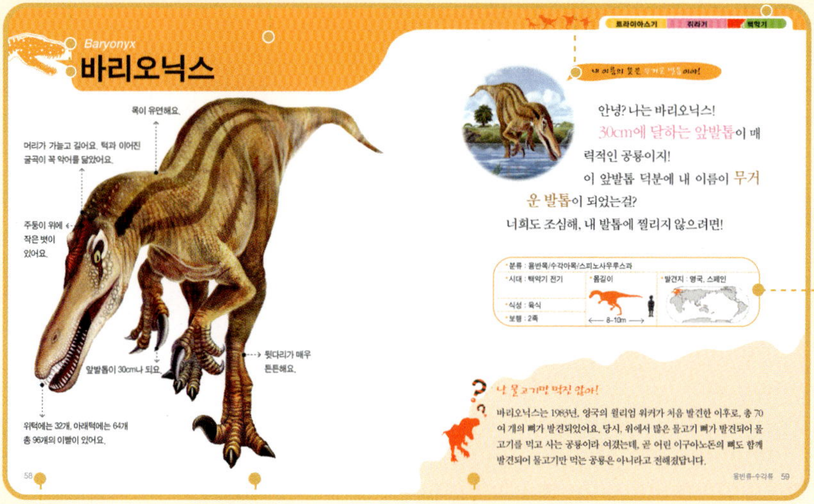

Baryonyx 바리오닉스

- 목이 유연해요.
- 머리가 가늘고 길어요. 턱과 이어진 굴곡이 꼭 악어를 닮았어요.
- 주둥이 위에 작은 볏이 있어요.
- 뒷다리가 매우 튼튼해요.
- 앞발톱이 30cm나 되요.
- 위턱에는 32개, 아래턱에는 64개 총 96개의 이빨이 있어요.

안녕? 나는 바리오닉스! 30cm에 달하는 앞발톱이 매력적인 공룡이지! 이 앞발톱 덕분에 내 이름이 무거운 발톱이 되었는걸? 너희도 조심해, 내 발톱에 찔리지 않으려면!

- 분류: 용반목/수각아목/스피노사우루스과
- 시대: 백악기 전기
- 식성: 육식
- 보행: 2족
- 몸길이: 8~10m
- 발견지: 영국, 스페인

난 물고기만 먹지 않아!
바리오닉스는 1983년, 영국의 윌리엄 워커가 처음 발견한 이후로, 총 70여 개의 뼈가 발견되었어요. 당시, 위에서 많은 물고기 뼈가 발견되어 물고기를 먹고 사는 공룡이라 여겼는데, 곧 어린 이구아노돈의 뼈도 함께 발견되어 물고기만 먹는 공룡은 아니라고 전해집니다.

발견된 특징

생김새

알쏭달쏭 Quiz

기초정보

- 분류: 용반목/수각아목/스피노사우루스과
- 시대: 백악기 전기
- 식성: 육식
- 보행: 2족
- 몸길이: 8~10m
- 발견지: 영국, 스페인

날 주인공으로 해 달란 말이야!

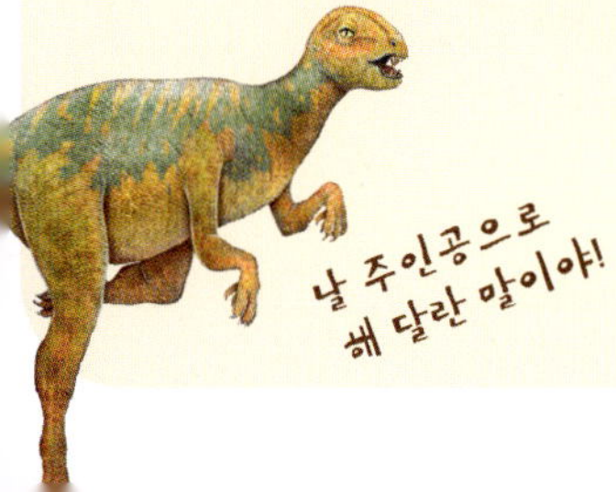

여기서 잠깐!
공룡이 궁금해요!

1. 공룡 이란?

중생대에 살았어요.

공룡은 약 2억 3천만 년 전부터 6천5백만 년 전까지 살았어요. 공룡이 살았던 시기를 중생대라고 부른답니다. 중생대는 다시 순서대로 트라이아스기 ➡ 쥐라기 ➡ 백악기로 나뉘어요.

악어나 도마뱀 같은 파충류에 속해요.

파충류는 허파로 숨을 쉬어요. 주변 온도에 따라 체온이 변하며 피부가 비늘로 덮인, 알 낳는 동물이에요. 하지만, 일부 공룡에게서 깃털의 흔적이 발견됐어요.

다리가 아래로 곧게 뻗었어요.

도마뱀과 달리, 몸 아래에서 다리가 곧게 뻗어 나와 몸을 지탱해요.

2. 화석은 무엇일까?

화석은 생물이 죽어서 땅에 묻히고 오랜 시간이 지나 딱딱하게 굳은 시체를 말해요. 이건 뼈와 달라요. 화석은 *지질시대에 살았던 생물의 흔적이랍니다.

* 지질시대 : 약 1만년 전~ 46억년 전

3. 고기 먹는 육식, 식물 먹는 초식?

고기를 먹는 공룡을 육식공룡이라 하고, 식물을 먹는 공룡을 초식공룡이라고 해요. 육식공룡의 이빨은 고기를 뜯기 편하게 날카롭고 뾰족해요. 초식공룡의 이빨은 식물을 씹기 좋게 뭉툭하답니다.

육식공룡   초식공룡

공룡의 조상

공룡이 탄생하기도 전에 살았던 동물이 있대요.
이 동물은 공룡의 조상이라고 전해져요.

여러분이 지금 보고 있는 숲은 트라이아스기 전기!
공룡은 트라이아스기 후기부터 나타나니까 아직은
공룡을 찾아볼 수 없는 숲이지요.

리스트로사우루스

리스트로사우루스가 나타났어요!

'사우루스'가 이름 뒤에 있긴 하지만, 공룡은 아니에요. 그저 초식동물이랍니다. 돼지보다 조금 더 크고, 송곳니 두 개가 무섭게 튀어나와 있어요.

또 다른 리스트로사우루스가 나타나는군요.

하나, 둘… 셀 수도 없이 많아요.

당시 지구에 사는 동물은 대부분 리스트로사우루스였어요. 리스트로사우루스는 파충류도 아니고 포유류도 아니에요.

포유류형 파충류라고 한답니다.

수풀 속에서 이상한 녀석이 나왔어요.
고르고놉시아라는 동물이에요. 악어처럼 생겼지만 이 친구도 공룡이 아닌, 포유류형 파충류랍니다.
아, 빨리 도망가야 해요. 고르고놉시아는 무서운 육식동물이거든요. 리스트로사우루스 무리는 저 녀석을 피해 도망가고 있었던 거예요!

고르고놉시아

응? 저기 카스마토사우루스가 있어요.

하지만, 카스마토사우루스도 공룡과 관계 없는 동물이에요. 생김새를 보고 누구의 조상인지 한번 생각해 보세요.

바로 악어의 가까운 조상이에요. 어쨌든 도망가야 해요. 카스마토사우루스도 육식동물이거든요.

카스마토사우루스

에우파르케리아

여기 귀여운 도마뱀이 한 마리 있군요!
이 녀석의 이름은 에우파르케리아랍니다.
어라? 어떻게 도마뱀이 두 다리로 설 수 있지요?

살토포수쿠스

여기 살토포수쿠스가 지나가고 있어요.
이 녀석 이름은 '뛰어오르는 악어'라는 뜻이에요.
왜 이런 이름이 붙었을까요? 그러고 보니, 에우파르케리아처럼 서서 뛰어올라 잠자리를 낚아챘어요!

살토포수쿠스와 에우파르케리아를 자세히 살펴보면 뒷다리가 앞다리보다 크고 튼튼하다는 걸 알 수 있어요. 이 친구들은 공룡의 조상과 친척이에요. 어쩌면 공룡의 조상일 수도 있지요. 이 친구들은 특이한 골반 구조를 지녔어요. 그래서 튼튼한 골반과 튼튼한 뒷다리를 갖게 되었지요. 덕분에 두 발로 빨리 뛸 수도 있고 뛰어오를 수도 있었답니다.

앞으로 등장할 공룡들을 유심히 보세요. 대부분이 뒷다리가 앞다리보다 굵고 길답니다. 그리고 엉덩이가 크지요. 네! 공룡은 엉덩이가 있는 파충류예요.

공룡은 엉덩이가 있는 파충류?

1. 용반류와 조반류

공룡은 크게 용반류와 조반류로 나뉘어요. 골반의 모양이 도마뱀과 비슷하면 용반, 새와 비슷하면 조반이라고 부르지요.

2. 수각류와 용각류 VS 조각류와 기타 다른 류

여기에서 다리의 개수에 따라 또 나뉘어요.
용반류는 두 발로 걷는 수각류와 네 발로 걷는 용각류로, 조반류는 두 발로 걷는 조각류와 네 발로 걷는 다른 류들로 나뉘지요.

▼ 공룡의 분류

작지만 우리는 진짜 공룡!
최초의 공룡

최초의 공룡들은 크기가 무척 작아요.
하지만, 이 작은 친구들이 트라이아스기 전기에 살았던
동물들을 점점 밀어내기 시작한답니다.
그리고 쥐라기부터 본격적인 공룡시대가 열리지요.

Eoraptor
에오랍토르

육식과 초식을 모두 할 수 있는 이빨이에요.

앞발보다 뒷발이 길고 튼튼해요.

앞쪽 발가락 다섯 개 중에, 세 개는 먹이를 움켜쥐기 쉬울 정도로 크지만 나머지는 작아요.

| 트라이아스기 | 쥐라기 | 백악기 |

> 난 새벽의 도둑이야!

안녕? 정말 반가운데?!

내가 너희가 찾던 진짜 **공룡**이야. 물론 키는 사람 무릎 높이밖에 안 되고 몸무게는 고작 10kg 정도지만, 난 엄연히 공룡이야. 이 뒷다리를 보라구!

참! 내 이름이 무슨 뜻인지 아니?

에오랍토르, **새벽의 도둑**이란 뜻이야. **랍토르**는 라틴 어로 **빼앗는 자, 도둑**이라는 뜻이란다.

나같이 몸집이 작고 빠르고 무리지어 다니는 공룡들의 이름에는 항상 랍토르라는 말이 붙지. 하지만, 난 진짜 랍토르류는 아니야. 진짜 랍토르가 나오려면 아직 시간이 더 흘러야 한단다.

- 분류 : 용반목/수각아목(?) 〈연구중〉
- 시대 : 트라이아스기 후기
- 몸길이 : ←1m→
- 식성 : 잡식
- 보행 : 2족
- 발견지 : 아르헨티나

최초의 공룡

Mussaurus
무스사우루스

지금까지 발견된 공룡 화석 중에 가장 작은 화석이 발견된 적이 있었어요. 크기가 겨우 18cm 정도밖에 안 되었는데, 알고 보니 무스사우루스의 새끼로 밝혀졌답니다.

- 눈이 커요.
- 주둥이가 길어요.
- 네 발로 걸어요.
- 발가락이 다섯 개예요.

| 트라이아스기 | 쥐라기 | 백악기 |

내 이름의 뜻은 생쥐 도마뱀이야!

안녕? 내 이름은 무스사우루스! 생쥐처럼 생기지도 않았는데 왜 생쥐 도마뱀이냐고? 내 몸집이 너무 작아서 지어진 이름이야.

내 자랑 하나 알려 줄까? 난 네 발로 걷는 공룡이지만 필요할 때면 잠깐 두 발로 설 수도 있단다.

내 생김새를 잘 보렴. 어쩐지 브라키오사우루스처럼 목이 긴 공룡들과 닮지 않았니? 목이랑 꼬리가 몸 길이의 대부분이잖아. 뒤통수에서 꼬리까지 등뼈라서 내 별명은 길고 긴 등뼈란다. 하지만, 등뼈가 지나가는 몸은 동글동글 귀엽지?

얼굴도 너희보다 작다니까~ 호호!

- 분류 : 용반목/용각아목/플라테오사우루스과
- 시대 : 트라이아스기 후기
- 식성 : 초식
- 보행 : 4족
- 몸길이 : ←2~3m→
- 발견지 : 아르헨티나

최초의 공룡

Coelophysis
코엘로피시스

주둥이가 길어요.

머리뼈에 큰 구멍이 있어 무게가 가벼워요.

턱이 좁고 길어요.

날카로운 이빨이 뒤로 휘었어요. 빠진 이빨은 사람처럼 다시 생겨요.

몸이 길고 가벼워요.

꼬리가 길어서 몸의 균형과 방향을 잡아 줘요.

앞발에는 발가락이 네 개지만, 한 개는 살에 묻혀 세 개만 써요. 갈고리처럼 생겼어요.

뒷다리가 길고 뼛속이 비어서 가볍고 빠르게 달려요.

| 트라이아스기 | 쥐라기 | 백악기 |

내 이름의 뜻은 텅 빈 뼈야!

하하! 너희가 만나는 세 번째 공룡! 나는 코엘로피시스야.

무스사우루스보다 몸집이 작지. 하지만, 덩치 작다고 무시하면 큰코다칠걸? 우리 코엘로피시스들은 무리를 지어 사냥을 즐기니까 말이야. 수십 마리가 한꺼번에 덤벼들면 아무리 덩치 큰 초식공룡이라도 어찌할 바를 몰랐다고.

나는 뼛속이 비어 있어서 무척 가벼워. 몸무게가 20~30kg밖에 안 나가. 그래서 달리거나 뛰어오르는 데는 아주 선수야.

우리는 앞발이 갈고리처럼 생겨서 먹이를 쥐거나 땅을 파는 데 유리하단다.

- 분류 : 용반목/수각아목/코엘로피시스과
- 시대 : 트라이아스기 후기
- 식성 : 육식
- 보행 : 2족
- 몸길이 : ← 2.5m →
- 발견지 : 미국

최초의 공룡

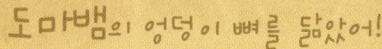

용반류 공룡

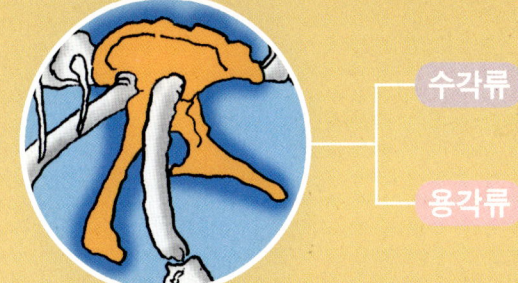

수각류

용각류

공룡은 골반 뼈 모양에 따라 크게 두 분류로 나뉜다는 것, 기억해요? 지금부터 볼 공룡들은 도마뱀의 골반 뼈와 골반 모양이 비슷한 공룡, 즉 용반류 공룡을 만나볼 거예요.

'용반'이라는 말이 어려워보일지 모르겠지만, '공룡'에서 도마뱀을 뜻하는 '롱(용)', 골반의 '반', 이 두 단어가 합쳐서 '용반'이라는 글자를 만들어낸, 알고 보면 아주 쉬운 말이에요.

용반류 공룡은 다리 개수에 따라 또 두 분류로 나뉘어요.

다리 개수가 두 개인 공룡은 **수각류**, 네 개인 공룡은 **용각류**라고 한답니다. 무시무시한 공룡 친구들을 만나러 떠나 볼까요?

무서운 사냥꾼, 두 발 공룡
수각류

수각류 공룡들은 대부분 육식공룡이에요. 알로사우루스, 티라노사우루스, 타르보사우루스 등 덩치가 큰 육식공룡부터, 물고기를 잡아먹는 공룡, 약삭빠른 랍토르류까지, 무서운 사냥꾼이 많이 있답니다.

메갈로사우루스	알로사우루스	드워프알로사우어	아크로칸토사우루스	카르카로돈토사우루스
기가노토사우루스	티라노사우루스 렉스	타르보사우루스	고르고사우루스	알리오라무스
스피노사우루스	바리오닉스	수코미무스	카르노타우루스	케라토사우루스
딜로포사우루스	모놀로포사우루스	콤프소그나투스	벨로키랍토르	부이트레랍토르
아우스트로랍토르	유타랍토르	데이노니쿠스	드로메오사우루스	밤비랍토르
미크로랍토르	트로오돈	진펭곱테릭스	갈리미무스	스트루티오미무스
테리지노사우루스	알사사우루스	베이피아오사우루스		

Megalosaurus
메갈로사우루스

머리는 크지만, 머리뼈 속에 공간이 있어 가벼워요.

목이 튼튼하고 유연해요.

몸집에 비해 크고 강한 꼬리가 머리와 몸의 균형을 잡아 줘요.

날카로운 이빨이 톱니 모양처럼 생겼어요.

짧은 앞발에는 세 개의 발가락과 날카로운 발톱이 있어요.

튼튼한 뒷다리로 무거운 몸을 지탱해요.

| 트라이아스기 | 쥐라기 | 백악기 |

> 난 거대한 도마뱀이야.

크르릉… 난 메갈로사우루스다! 무섭다고 알려진 알로사우루스나 기가노토사우루스보다 더 오래 전에 살았지. 내 모습을 보면 알겠지만, 난 커다란 육식공룡의 특징을 모두 갖추고 있어.

첫째, 똑똑한 만큼이나 **큰 머리**! 둘째, 큰 머리를 지탱하기 위한 짧고 **튼튼한 목**! 셋째, 무거운 몸을 지탱하기 위한 **강한 두 다리**!

옆 사진은 어떤 사람들이 나를 발견하고 나서 상상으로 그려 본 그림이래. 어때? 이건 좀 물개를 닮지 않았어?

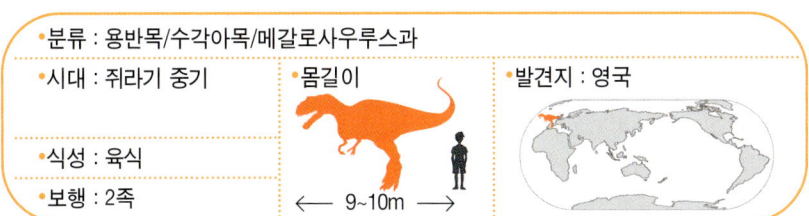

- 분류 : 용반목/수각아목/메갈로사우루스과
- 시대 : 쥐라기 중기
- 몸길이 : 9~10m
- 식성 : 육식
- 발견지 : 영국
- 보행 : 2족

용반류-수각류 37

Allosaurus

알로사우루스

눈 위에 한 쌍의 돌기가 있어요.

머리가 크고 목이 짧아요.

육식공룡 중에 여섯 번째로 몸집이 크다고 알려졌어요.

무겁고 긴 꼬리로 몸의 균형을 잡았어요.

날카로운 위턱으로 사냥해요.

세 개의 날카로운 발톱이 있어요.

몸무게가 가벼워서 크고 튼튼한 뒷발로 빨리 달릴 수 있어요.

| 트라이아스기 | 쥐라기 | 백악기 |

내 이름의 뜻은 **이상한 도마뱀**이야!

쿵! 쿵! 쿵! 나는 가장 대표적인 대형 **육식공룡**이야.
뭐? 내 손가락이 너무 작아 보인다고? 흥! 뭘 모르는군! 이 세 손가락이 너희가 보기엔 볼품없어 보여도 **먹이를 움켜쥐기에는 안성맞춤**이었다고!

- 분류 : 용반목/수각아목/알로사우루스과
- 시대 : 쥐라기 후기
- 식성 : 육식
- 보행 : 2족
- 몸길이 : 10~12m
- 발견지 : 미국, 포르투갈

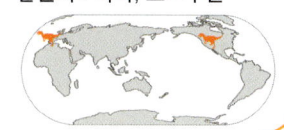

알로사우루스의 이름은 왜 '이상한 공룡'일까?

알로사우루스의 머리뼈는 비슷한 종류의 공룡들과는 달리, 얼굴에 돌기가 툭 튀어나와 있어요. 그래서 사람들이 '다르다.'라는 뜻의 '알로'를 붙여 이름지었답니다.

Dwarf allosaur
드워프알로사우어

무겁고 긴 꼬리로 몸의 균형을 잡았어요.

날카로운 위턱으로 사냥해요.

세 개의 날카로운 발톱이 있어요.

체중이 가벼워 크고 튼튼한 뒷발로 빨리 달려요.

| 트라이아스기 | 쥐라기 | **백악기** |

난 난쟁이 알로사우루스야!

나 드워프알로사우어는 이름 그대로 알로사우루스의 조그만 친척이야.
원래는 오스트랄로베나토르라고 불렸어. 사람들이 나를 처음 발견한 곳이 오스트레일리아였거든.

- 분류 : 용반목/수각아목/네오베나토르과
- 시대 : 백악기 전기
- 몸길이 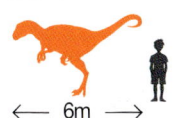 ← 6m →
- 발견지 : 오스트레일리아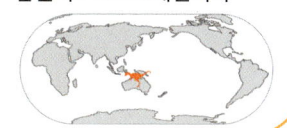
- 식성 : 육식
- 보행 : 2족

드워프(Dwarf) 란 무슨 뜻일까?

영어로 드워프(Dwarf)는 난쟁이, 또는 보통보다 키가 작은 사람을 뜻해요. 알로사우루스와 비슷한 특성이 있는 공룡이지만 전체적인 몸집이 작아서 이런 이름을 지었나 봐요.

Acrocanthosaurus
아크로칸토사우루스

두꺼운 근육으로 덮인 돌기가 등 쪽 머리부터 꼬리까지 나 있어요.

육식공룡 중에 다섯 번째로 큰 공룡이라고 알려졌어요.

세 개의 날카로운 발톱은 먹이를 잡을 때 유용해요.

빠르게 달릴 수 있어요.

| 트라이아스기 | 쥐라기 | **백악기** |

> 난 척추 뼈의 돌기가 긴 도마뱀 이라고!

나는 알로사우루스의 **덩치 큰 친척**, 아크로칸토사우루스야. 몸무게가 2.4톤이나 나간단다. 머리부터 꼬리까지, 등뼈 위쪽에 있는 긴 **돌기**가 보이지? 이 돌기는 목과 꼬리의 근육을 단단히 지탱해 준단다.

- 분류 : 용반목/수각아목/카르카로돈토사우루스과
- 시대 : 백악기 전기
- 식성 : 육식
- 보행 : 2족
- 몸길이  ← 12m →
- 발견지 : 미국

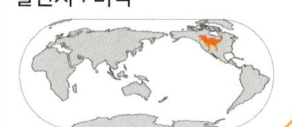

> 난 스피노사우루스

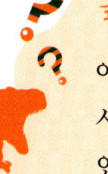

높은 돌기의 도마뱀??

아크로칸토사우루스는 등에 40cm나 되는 돌기를 가지고 있어요. 그래서 사람들은 1.8m의 돌기를 가진 스피노사우루스와 같은 종류인 줄 알았죠. 하지만, 나중에 머리뼈 모양을 보고 나서야 알로사우루스와 같은 종류라고 판정했답니다.

Carcharodontosaurus

카르카로돈토사우루스

머리뼈는 티라노사우루스보다 더 커요.

육식공룡 중에 세 번째로 몸집이 크다고 알려졌어요.

톱니 모양의 이빨이 10cm 정도로 나 있어요.
이빨에는 가느다란 홈 자국이 있는데,
이게 가장 큰 특징이에요.

앞발가락이 세 개예요.

긴 다리는 튼튼한 근육질로 되어 있어요.

| 트라이아스기 | 쥐라기 | **백악기** |

내 이름의 뜻은 상어 이빨 도마뱀 이라고!

나 카르카로돈토사우루스는 역사상 가장 큰 육식공룡 중 하나야! 그뿐인 줄 알아? 내 이빨이 얼마나 크고 날카로운지, 사람들이 내게 **상어 이빨 도마뱀**이라는 이름까지 붙여 주었다니까? 이거 봐! 아~

카르카로돈토사우루스 두개골

- 분류 : 용반목/수각아목/카르카로돈토사우루스과
- 시대 : 백악기 중기~후기
- 식성 : 육식
- 보행 : 2족
- 몸길이
- 발견지 : 알제리, 이집트, 모로코, 튀니지

12~13m

기가노토사우루스
Giganotosaurus

냄새를 잘 맡아요.

머리는 크지만, 뇌가 차지하는 공간은 작아요.

티라노사우루스보다 크고 스피노사우루스보다 작아요.

20cm 정도의 톱니 모양 이빨이 음식을 자르기에 좋아요.

앞발에는 세 개의 앞발가락이 있어요.

뒷다리가 튼튼해서 힘도 세요.

| 트라이아스기 | 쥐라기 | **백악기** |

난 거대한 남쪽 도마뱀이야!

크르르르~

이봐~! 나와 내 친구들은 주로 *남미에서 발견되어서 **거대한 남쪽 도마뱀**이라는 이름을 얻었어. 내 몸집이 어느 정도냐면, 아파트 5층 높이만한 크기에 몸무게는 약 7톤, 이빨은 20cm나 된다고!

* 남미 : 남아메리카

- 분류 : 용반목/수각아목/카르카로돈토사우루스과
- 시대 : 백악기 전기~후기
- 식성 : 육식
- 보행 : 2족
- 몸길이 : ← 13~14m →
- 발견지 : 아르헨티나

기가노토사우루스가 가진 공룡 신기록은 무엇일까?

❶ 가장 큰 눈을 가진 육식공룡
❷ 가장 큰 두개골을 가진 육식공룡
❸ 가장 예쁜 다리를 가진 육식공룡
❹ 가장 긴 혀를 가진 육식공룡

지금까지 발견된 기가노토사우루스의 몸길이는 14m나 된답니다. 티라노사우루스보다 2m가 더 길고 두개골 길이는 1.95m나 되지요.

정답 ❷

47

Tyrannosaurus rex
티라노사우루스 렉스

머리가 크고 후각(맡는 감각)과 청각(듣는 감각)이 좋아요.

목은 짧지만 튼튼해요.

턱 근육과 두꺼운 이빨이 상대 공룡의 뼈까지 부술 정도로 강해요.

긴 꼬리로 머리와 몸의 균형을 유지해요.

앞발이 몸에 비해 작지만, 강한 힘을 가지고 있어요. 앞발가락이 두 개예요.

튼튼한 뒷다리로 사냥을 해요.

| 트라이아스기 | 쥐라기 | 백악기 |

내 이름의 뜻은 폭군 도마뱀이야!

쿵쿵! 크헝!
이봐! 난 **왕**이야!
내 이름 뒤에 **렉스**라는 말이 보이지? 이게 바로 왕이라는 뜻이라고!
어떻게 알았는지 과학자들이 나를 공룡시대의 왕이라고 생각한 거 있지? 하하하!
뭐? 나보다 더 큰 공룡도 있는데 어째서 내가 왕이냐고? 참나~ 크기로만 왕을 결정하는 건 아니잖아.
내게는 첫째, 크고 날카로운 **이빨**과 단단한 **턱**!
둘째, 균형을 잡아 주는 단단한 **꼬리**!
셋째, 사물을 입체적으로 볼 수 있는 앞을 향한 **눈**!
내 몸은 사냥하기에 더없이 좋은 신체 조건이지!

- 분류 : 용반목/수각아목/티라노사우루스과
- 시대 : 백악기 후기
- 몸길이 : ← 12~13m →
- 발견지 : 미국, 캐나다
- 식성 : 육식
- 보행 : 2족

용반류-수각류

타르보사우루스
Tarbosaurus

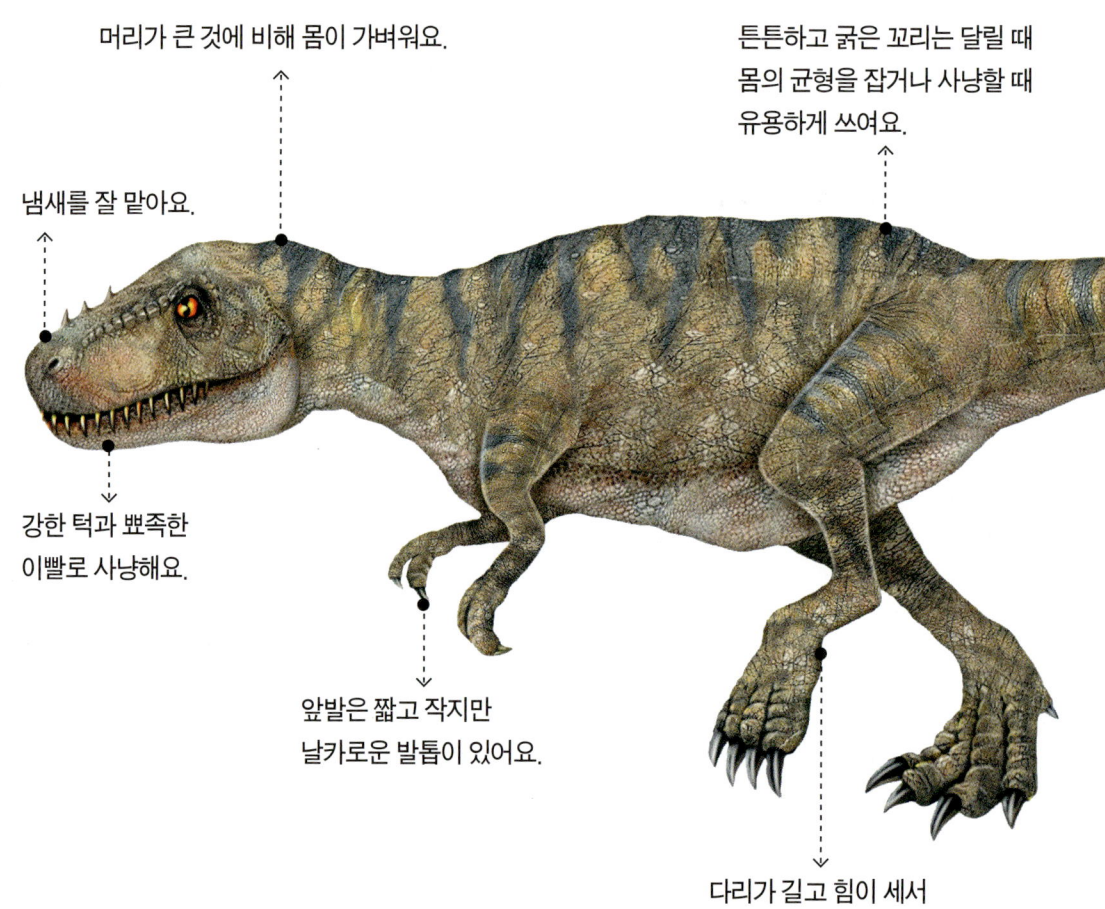

머리가 큰 것에 비해 몸이 가벼워요.

튼튼하고 굵은 꼬리는 달릴 때 몸의 균형을 잡거나 사냥할 때 유용하게 쓰여요.

냄새를 잘 맡아요.

강한 턱과 뾰족한 이빨로 사냥해요.

앞발은 짧고 작지만 날카로운 발톱이 있어요.

다리가 길고 힘이 세서 빠르게 뛸 수 있어요.

50 용반류-수각류

| 트라이아스기 | 쥐라기 | 백악기 |

난 무서운 도마뱀 이라고!

아시아 전역에 살았던 나는 티라노사우루스의 친척이야.

크기는 조금 작았지만 무섭기는 똑같았다고! 나를 **아시아의 티라노사우루스**로 알아줬으면 좋겠어. 대한민국에서도 내 **이빨 화석**이 발견되었다는군.

- 분류 : 용반목/수각아목/티라노사우루스과
- 시대 : 백악기 후기
- 식성 : 육식
- 보행 : 2족
- 몸길이 ← 10~12m →
- 발견지 : 아시아 전역 (중국, 몽골)

타르보사우루스와 티라노사우루스의 공통점이 아닌 것은?

❶ 네 발로 걷는 다리
❷ 작은 앞발
❸ 큰 머리
❹ 강한 턱

두 공룡 모두 티라노사우루스과로, 두 발로 걷는 수각아목이고 작은 앞발, 큰 머리, 강한 턱을 가지고 있답니다.

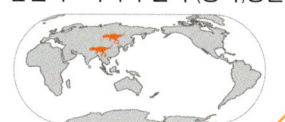 정답 ❶

Gorgosaurus
고르고사우루스

- 머리가 큰 편이에요.
- 긴 꼬리가 몸의 균형을 잡아요.
- 큰 이빨이 날카롭게 휘어 있어요.
- 턱이 강해요.
- 작은 앞발에 두 개의 발가락이 있어요.
- 뒷다리가 튼튼해요.

| 트라이아스기 | 쥐라기 | 백악기 |

난 공포의 도마뱀 이라고!

난 **티라노사우루스 친척**, 고르고사우루스야.

몸집이 작긴 하지만, 티라노사우루스처럼 **사냥**도 잘하고 무시무시했다는 걸 알아줘. 이름 뜻 보면 알겠지?

나도 작지만, 나보다 더 작은 꼬맹이도 있다니까!

- 분류 : 용반목/수각아목/티라노사우루스과
- 시대 : 백악기 후기
- 몸길이 : 8~9m
- 발견지 : 미국, 캐나다
- 식성 : 육식
- 보행 : 2족

고르고사우루스는 앞발도 작은데 어떻게 사냥했을까?

티라노사우루스과 공룡들은 앞발이 작긴 하지만, 트리케라톱스의 이빨도 뚫을 만큼 강력한 이빨과 머리뼈를 가지고 있어요. 이빨이 거의 28cm나 된답니다. 발톱도 아주 날카로웠지요.

용반류-수각류 53

Alioramus
알리오라무스

주둥이 위에 작은 뿔이 나 있어요.

같은 티라노사우루스과의 공룡들보다 머리뼈가 좁고 길쭉한 모양이에요.

턱 근육이 매우 작고 약해요.

앞발이 짧아요.

뒷다리가 튼튼해요.

트라이아스기 쥐라기 백악기

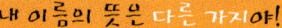

내 이름의 뜻은 다른 가지야!

클 클~ 안녕?
난 **티라노사우루스 친척**, 알리오라무스야. 우리 친척 중에 제일 작아. 거의 어린이 친구들하고 비슷한 키를 가졌어. 하지만, 난 티라노사우루스 못지않게 사냥할 수 있단다.

- 분류 : 용반목/수각아목/티라노사우루스과
- 시대 : 백악기 후기
- 식성 : 육식
- 보행 : 2족
- 몸길이  5~6m
- 발견지 : 몽골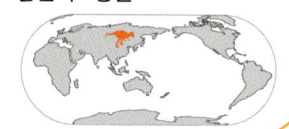

여기서 잠깐!

누가 더 클까? 티라노사우루스과 친구들!

알리오라무스 < 고르고사우루스 < 타르보사우루스 < 티라노사우루스 렉스

용반류-수각류

Spinosaurus
스피노사우루스

얼굴이 악어처럼 길어요.

큰 돌기가 등에 있어요.
체온을 조절하거나
다른 공룡에게 과시하는
데 쓰이기도 했어요.

이빨이 날카롭지만 작아요.

앞발톱이 길어요.

뒷다리가 튼튼해서
사냥하기에 좋아요.

| 트라이아스기 | 쥐라기 | **백악기** |

> 난 등에 돌기가 난 도마뱀이라고!

헤헤헤!

다들 자기가 더 크고 무겁다고 자랑하는데…

난 몸무게가 9톤이나 나가는 스피노사우루스야. **엄청난 몸집**이지! 하지만, 그리 무섭거나 하진 않아. 초식공룡을 사냥하기보다는 주로 **물고기**를 잡아먹고 살았거든.

내 입이 좁고 길어서 덩치가 큰 초식공룡의 고기를 사냥하거나 씹기엔 적당하지 않았어. 그 대신, 물고기를 먹기에는 알맞았어. 게다가 내 **날카로운 발톱**이 물고기를 낚아채기에도 좋았고 말이야.

누구에게나 자신만의 자랑거리는 있는 법이라고.

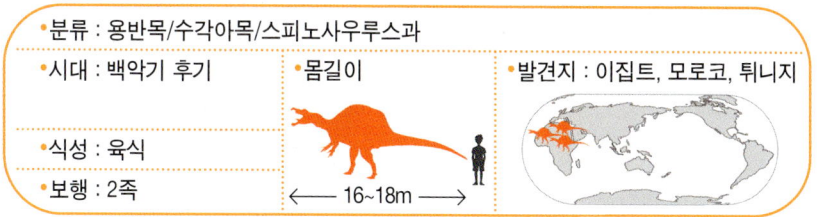

- 분류 : 용반목/수각아목/스피노사우루스과
- 시대 : 백악기 후기
- 몸길이 : 16~18m
- 발견지 : 이집트, 모로코, 튀니지
- 식성 : 육식
- 보행 : 2족

용반류-수각류 57

Baryonyx
바리오닉스

- 목이 유연해요.
- 머리가 가늘고 길어요. 턱과 이어진 굴곡이 꼭 악어를 닮았어요.
- 주둥이 위에 작은 볏이 있어요.
- 앞발톱이 30cm나 되요.
- 뒷다리가 매우 튼튼해요.
- 위턱에는 32개, 아래턱에는 64개 총 96개의 이빨이 있어요.

트라이아스기 | 쥐라기 | **백악기**

내 이름의 뜻은 무거운 발톱이야!

안녕? 나는 바리오닉스! **30cm에 달하는 앞발톱**이 매력적인 공룡이지!
이 앞발톱 덕분에 내 이름이 **무거운 발톱**이 되었는걸?
너희도 조심해, 내 발톱에 찔리지 않으려면!

- 분류 : 용반목/수각아목/스피노사우루스과
- 시대 : 백악기 전기
- 식성 : 육식
- 보행 : 2족
- 몸길이 : 8~10m
- 발견지 : 영국, 스페인

난 물고기만 먹진 않아!

바리오닉스는 1983년, 영국의 윌리엄 워커가 처음 발견한 이후로, 총 70여개의 뼈가 발견되었어요. 당시, 위에서 많은 물고기 뼈가 발견되어 물고기를 먹고 사는 공룡이라 여겼는데, 곧 어린 이구아노돈의 뼈도 함께 발견되어 물고기만 먹는 공룡은 아니라고 전해졌답니다.

용반류-수각류 59

Suchomimus
수코미무스

길고 좁은 주둥이 끝에
로제트라는 돌출부가 있어요.

긴 턱에 100여개의
이빨이 있어요.

30cm의 긴 앞발가락과 40cm의
긴 발톱으로 물고기를 사냥해요.

뒷다리가 튼튼해요.

| 트라이아스기 | 쥐라기 | **백악기** |

> 내 이름의 뜻은 악어 같은 생김새야!

뭐? 내가 **악어** 같다고?
얼굴만 그렇지! 난 공룡이라고!
물고기를 먹는 내가 **사하라 사막**에 살았다는 게 신기하지? 백악기 시절, 내가 살던 곳은 **식물**도 많고 물도 아주 많은 곳이었어. 이집트도 옛날에는 물이 많았다는 얘기지.

- 분류 : 용반목/수각아목/스피노사우루스과
- 시대 : 백악기 전기
- 몸길이 : 12m
- 발견지 : 사하라 사막
- 식성 : 육식
- 보행 : 2족

여기서 잠깐! 스피노사우루스과 공룡이 왜 물고기를 먹는다고 생각했을까?

이들의 이빨은 크기가 작긴 해도, 고기를 뜯어 먹기 좋게 날카로웠어요. 하지만, 커다란 공룡을 사냥해서 먹을 정도로 머리뼈가 크지는 않았지요. 그래서 사람들은 악어처럼 물고기를 먹었다고 생각한답니다.

내 이빨 보이지!

용반류-수각류 61

Carnotaurus
카르노타우루스

-----> 눈 위에 뿔이 한 쌍 있어요.

-----> 눈이 앞에 있어서 사물을 입체적으로 봐요.

-----> 등에 작은 * 돌기가 나 있어요.

* 돌기 : 뾰족하게 도드라진 부분

턱뼈가 약해서 몸집이 큰 공룡을 사냥하기 어려워요.

티라노사우루스보다 <----- 앞발이 짧아요.

| 트라이아스기 | 쥐라기 | **백악기** |

내 이름의 뜻은 육식을 하는 황소!

엇? 친구들, 안녕?
나는 카르노타우루스, 육식을 하는 황소라는 뜻이야. 눈 위에 소처럼 나 있는 **뿔** 두 개가 멋지지 않아? 내 앞발이 작아서 좀 우스워 보이긴 하지만, 발가락이 네 개나 있어서 불편하진 않다고!

- 분류 : 용반목/수각아목/아벨리사우루스과
- 시대 : 백악기 후기
- 식성 : 육식
- 보행 : 2족
- 몸길이  ← 7~9m →
- 발견지 : 아르헨티나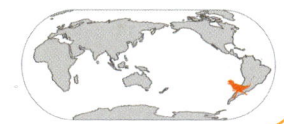

카르노타우루스는 왜 황소와 비교되었을까?

카르노타우루스와 황소의 공통점이 무엇일까요? 바로 얼굴에 있는 뿔이에요. 이런 생김새 때문에 카르노타우루스의 뼈를 발견한 사람이 '육식을 하는 황소'라고 이름 지었지요.

내가 더 잘생겼어!

Ceratosaurus
케라토사우루스

콧등 위에 뿔이 하나 있고
눈 위에 돌기가 한 쌍 있어요.

뾰족한 골판이 있어요.

알로사우루스 같은 뻣뻣한 꼬리가 아니라
악어처럼 유연한 꼬리를 가졌어요.

턱뼈가 단단하고
이빨이 날카로워요.

짧은 앞발에는 네 개의
발가락이 있어요.

| 트라이아스기 | 쥐라기 | 백악기 |

> 난 뿔 달린 도마뱀이라고!

크르르르릉…

내 **뿔**은 콧등에 나 있어.

뿔만 빼면 알로사우루스나 고르고사우루스 같은 거대 육식공룡과 다를 게 없는데! 머리 크지, 앞발 짧지, 두 발로 다니지! 어때? 자세히 보면 내 말이 맞지?

- 분류 : 용반목/수각아목/케라토사우루스과
- 시대 : 쥐라기 후기
- 몸길이 : ← 6~10m →
- 발견지 : 미국, 탄자니아, 포르투갈
- 식성 : 육식
- 보행 : 2족

아기공룡 둘리의 모델?

"요리 보고, 조리 보고, 으응~♬
〈아기 공룡 둘리〉라는 만화를 알고 있나요?
여기 나오는 둘리의 모델이 바로 케라토사우루스
예요. 어때요? 닮았어요?

> 오! 멋있는데~

Dilophosaurus
딜로포사우루스

주둥이에서 눈까지 이어진 두 개의 둥근 볏은 30cm의 길이로 수컷에게만 있어요.

턱에 힘이 없고 이빨이 가늘어요.

강한 발톱으로 사냥했어요.

긴 꼬리로 몸의 균형을 잡았어요.

크고 튼튼한 뒷다리로 빠르게 달렸어요.

트라이아스기 **쥐라기** 백악기

내 이름의 뜻은 **쌍볏 도마뱀**이야!

내 장식이 뭔지 알아? 나는 머리 위에 **두 개의 볏**이 서 있어서 딜로포사우루스라는 이름을 가졌어. 이거 멋있니?

내 볏은 피부나 살이 변한 게 아니라 **뼈**가 튀어나온 거야. 그러니까 사실 볏이 아니라 **뿔**인 거지.

나는 키가 어른 키 정도야. 그리 크진 않은 편이지. 하지만, 동작이 굉장히 빨라서 사냥감을 잡는 건 쉬운 편이야. 다만, 이빨과 턱이 약한 편이라 사냥감을 단번에 죽이기에는 부족하지.

그래서 내가 사냥할 때 쓰는 무기가 뭔지 알아? 바로 날카로운 이 **발톱**을 이용한단다.

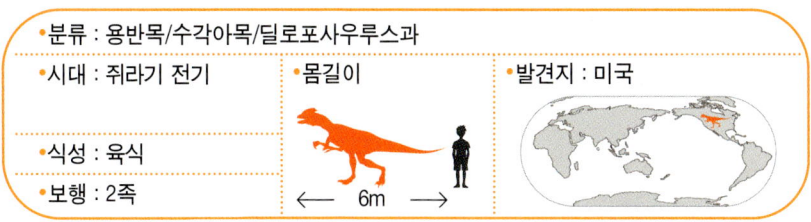

- 분류 : 용반목/수각아목/딜로포사우루스과
- 시대 : 쥐라기 전기
- 몸길이 : 6m
- 발견지 : 미국
- 식성 : 육식
- 보행 : 2족

용반류-수각류 67

모놀로포사우루스
Monolophosaurus

코에서 눈 사이에 얇은 볏이 나 있어요.
다른 육식공룡에는 없어요.

머리뼈의 두께가 얇아요.

날카로운 이빨로
사냥했어요.

튼튼한 뒷다리를 가지고 있어요.

| 트라이아스기 | 쥐라기 | 백악기 |

내 이름의 뜻은 단벗 도마뱀이야!

내 모놀로포사우루스라는 이름은 **볏이 하나**라는 뜻이야.
내가 딜로포사우루스와 친척으로 보인다고? 천만에!
난 사실 그 무섭다고 알려진 **알로사우루스**와 더 가까운 친척이란다.

- 분류 : 용반목/수각아목/테타누래
- 시대 : 쥐라기 중기
- 식성 : 육식
- 보행 : 2족
- 몸길이  5m
- 발견지 : 중국

난 알로사우루스

여기서 잠깐! 알로사우루스는 어떤 공룡일까?

알로사우루스는 그 누구보다 고기를 씹기에 좋은 턱뼈를 가졌어요. 육식 공룡인 이 친구는 식성이 대단히 좋았던 것 같아요. 먹이를 삼킬 때 평소보다 입을 훨씬 크게 벌릴 수 있어서 통째로 삼키곤 했답니다.

용반류-수각류

Compsognathus
콤프소그나투스

머리가 좁아요.

몸통이 가늘고 날씬해요.

앞발에는 두 개의 갈고리처럼 생긴 발가락이 있어 먹이를 붙잡기에 좋았어요.

다리가 길고 가늘지만 튼튼해서 행동이 아주 빨랐을 거예요.

뒷발에 발가락이 네 개 있어요.

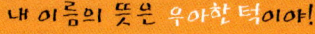

> 내 이름의 뜻은 우아한 턱이야!

아그작, 아그작~

나는 주로 곤충이나 작은 동물을 잡아먹었던 제일 작은 육식공룡이란다. 이름만큼이나 **얇고 부드러운 턱**으로는 도저히 질긴 동물을 씹기 어려워서 먹기를 포기했지. 하하!

- 분류 : 용반목/수각아목/콤프소그나투스과
- 시대 : 쥐라기 후기
- 식성 : 육식
- 보행 : 2족
- 몸길이  ←1m→
- 발견지 : 독일, 프랑스, 포르투갈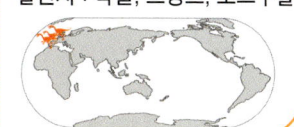

콤프소그나투스 vs 미크로랍토르

콤프소그나투스는 60cm로, 공룡을 연구하는 과학자들에게 가장 작다고 알려져 왔어요. 그런데 2000년 12월 7일, 중국 요녕 지방에서 코 끝에서 꼬리 끝까지 겨우 38cm인 미크로랍토르가 발견되었지요. 콤프소그나투스는 미크로랍토르가 발견되기 전까지 가장 작은 공룡이었답니다.

Velociraptor
벨로키랍토르

머리가 길쭉하고 발견된
두개골을 보아 뇌가 큰 편이에요.

꼬리가 얇고 길어요.

납작한 입에는 날카로운
이빨이 나 있어요.

앞발이 길고 날카로워요.

몸무게에 비해 뒷다리가 튼튼해요.

뒷발의 발톱 하나가 위로 젖힌
갈고리 모양이에요.

| 트라이아스기 | 쥐라기 | 백악기 |

내 이름의 뜻은 빠른 약탈자야!

쌩~쌩~ 날씬한 내 몸매가 부럽지? 나는 몸무게가 15kg 정도밖에 나가지 않아. 친구들과 부지런히 뛰며 사냥하는데 살찔 겨를이 있겠니? **빠른 달리기 실력**은 나의 빼놓을 수 없는 무기란다. 그리고 **갈고리 발톱** 또한 내 자랑이야!

1922년, 몽골에서 내 뼈가 발견되었어. 프로토케라톱스의 공룡 뼈와 함께 말이야. 그때 프로토케라톱스의 머리뼈에 **길고 날카로운 내 앞발톱**이 꾹 하고 찍혀 있더래! 뒷발은 프로토케라톱스의 배를 가르고 있고. 내 뒷발 **갈고리 모양 발톱**은 다른 공룡들에게 치명적인 상처를 낼 수 있는 무기가 된단다.

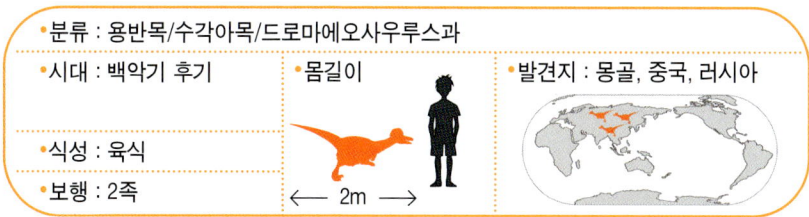

- 분류 : 용반목/수각아목/드로마에오사우루스과
- 시대 : 백악기 후기
- 식성 : 육식
- 보행 : 2족
- 몸길이 : 2m
- 발견지 : 몽골, 중국, 러시아

Buitreraptor

부이트랩토르

주둥이가 가늘어요.

몸집이 작아요.

납작한 입에 날카로운 이빨이 나 있어요.

긴 다리로 빨리 달릴 수 있어요.

날렵한 앞발을 가지고 있어 쉽게 먹이를 움켜잡을 수 있어요.

| 트라이아스기 | 쥐라기 | 백악기 |

내 이름의 뜻은 대머리 수리 약탈자야!

안녕? 나는 몸집이 좀 크다 싶은 수탉 크기밖에 안 돼.

내 **깃털** 화려하지? 랍토르들은 새처럼 깃털이 있단다. 어떻게 보면 생김새도 새와 비슷해. 어떤 과학자들은 소형 육식공룡이 새처럼 깃털을 가진 ***온혈동물**이었다고 믿어.

* 온혈동물 : 바깥 공기에 따라 스스로 체온을 조절하는 동물

- 분류 : 용반목/수각아목/드로마에오사우루스과
- 시대 : 백악기 후기
- 식성 : 육식
- 보행 : 2족
- 몸길이  ←1~1.5m→
- 발견지 : 아르헨티나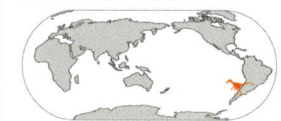

'부이트레'(대머리 수리)랍토르의 이름은 어떻게 지어진 걸까?

❶ 머리가 벗겨져서   ❷ 발견한 곳 이름을 따서
❸ 발견한 사람 이름을 따서   ❹ 독수리만 먹고 살아서

대머리 수리처럼 머리가 벗겨져서라기보다 '라부이트레야'라는 지방에서 이 공룡을 처음 발견했기 때문에 지어진 이름이랍니다.

Austroraptor
아우스트로랍토르

뻣뻣한 꼬리를 치켜세워
몸의 중심을 잡았어요.

톱니 모양의 이빨을
가지고 있어요.

날카로운 발톱을
가지고 있어요.

| 트라이아스기 | 쥐라기 | 백악기 |

내 이름의 뜻은 남쪽의 약탈자야!

안녕? 남미에서 발견된 나의 이름은 아우스트로랍토르! 랍토르 중에서도 몸집이 큰 **대형 랍토르**란다.

하지만, 무시하지 말라고! 나도 랍토르인 만큼 쌩쌩 잘 달리니까 말이야!

- 분류 : 용반목/수각아목/드로마에오사우루스과
- 시대 : 백악기 후기
- 식성 : 육식
- 보행 : 2족
- 몸길이  5~6.5m
- 발견지 : 아르헨티나

랍토르란?

이름이 랍토르로 끝나는 공룡들은 소형 육식공룡 중에서도 특히 무서운 친구들이에요. 랍토르는 갈고리처럼 큰 발톱과 빠른 달리기 실력을 자랑했어요. 그리고 머리도 좋아서 초식공룡으로서는 결코 만만한 상대가 아니었답니다. 게다가 무리지어 사냥했으니 얼마나 무서웠겠어요?

용반류-수각류

Utahraptor
유타랍토르

성질은 사납지만, 뇌가 커서 다른 공룡에 비해 영리했어요.

생김새는 데이노니쿠스와 비슷하지만, 몸집은 두 배나 커요.

눈이 아주 커서 해질녘에도 사냥할 수 있었어요.

뒷다리가 튼튼해서 빠르게 달릴 수 있어요.

앞발로 먹이를 움켜잡을 수 있어요.

30~35cm나 되는 갈고리 발톱이 뒷발 두 번째 발가락에 있어요.

| 트라이아스기 | 쥐라기 | 백악기 |

내 이름의 뜻은 유타의 약탈자야!

안녕? 내 친구들 못 봤니? 내 이름은 **유타랍토르**! 사람들이 **유타 주**에서 발견되었다고 해서 이렇게 불러.

나는 무리지어 생활하는 편이야. 내가 지금까지 발견된 랍토르 중에 큰 축에 속하긴 해도, 아직 혼자서 커다란 초식공룡을 상대하기에는 벅차거든.

나는 머리에서 발끝까지, 사람보다 키가 조금 더 크고, 내 멋있는 **갈고리 발톱**은 사람 머리만한 크기야! 이 커다란 발톱을 가진 내가 바람처럼 빠르게 달려나가 사냥감을 잡는다고 생각해 봐! 소름이 절로 돋지 않아?

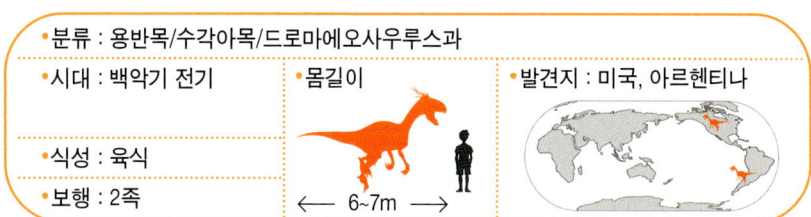

- 분류 : 용반목/수각아목/드로마에오사우루스과
- 시대 : 백악기 전기
- 식성 : 육식
- 보행 : 2족
- 몸길이 : 6~7m
- 발견지 : 미국, 아르헨티나

용반류-수각류

Deinonychus
데이노니쿠스

냄새를 잘 맡아요.

몸집보다 머리가 커요. 하지만, 몸무게가 가벼워 달리거나 점프하기에 좋아요.

몸매가 날렵해요.

이빨이 몹시 날카로워요.

뒷다리가 튼튼해요.

네 개의 발가락 중, 두 번째 발가락에는 13cm가 넘는 갈고리 모양의 발톱이 달렸어요.

트라이아스기　쥐라기　**백악기**

내 이름의 뜻은 무시무시한 발톱이라고!

쉬익~ 쉬익~ 안녕?
무시무시한 발톱을 가졌다고 해서 내 이름은 데이노니쿠스! 어? 조심해! 내 **갈고리 발톱**은 13cm나 된다고! 사람들이 발견한 화석에서, 내가 테논토사우루스를 덮친 것으로 보이는 화석이 발견되었어. 내 갈고리 발톱이 테논토사우루스를 찍고 있더래. 이것만 보아도, 내 갈고리 발톱이 얼마나 큰 **무기**였을지 짐작이 가지?

갈고리 발톱은 위아래로 움직일 수 있었어. 과학자들은 내 뒷다리가 몸무게에 비해 튼튼해서 점프력도 뛰어났을 거라고 하더군!

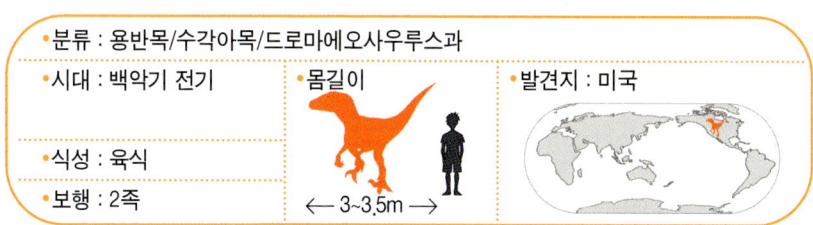

• 분류 : 용반목/수각아목/드로마에오사우루스과
• 시대 : 백악기 전기
• 몸길이 : ← 3~3.5m →
• 발견지 : 미국
• 식성 : 육식
• 보행 : 2족

용반류-수각류　81

드로마에오사우루스
Dromaeosaurus

머리뼈에서 뇌가 차지한 공간이 큰 것으로 보아 머리가 좋았어요.

몸이 날렵하게 생겼어요.

쭉 뻗은 긴 꼬리로 몸의 균형을 잡았어요.

이빨이 크고 날카로워요.

뒷발 두 번째 발가락에는 길이가 8cm 정도 되는 날카로운 갈고리 발톱이 있어요.

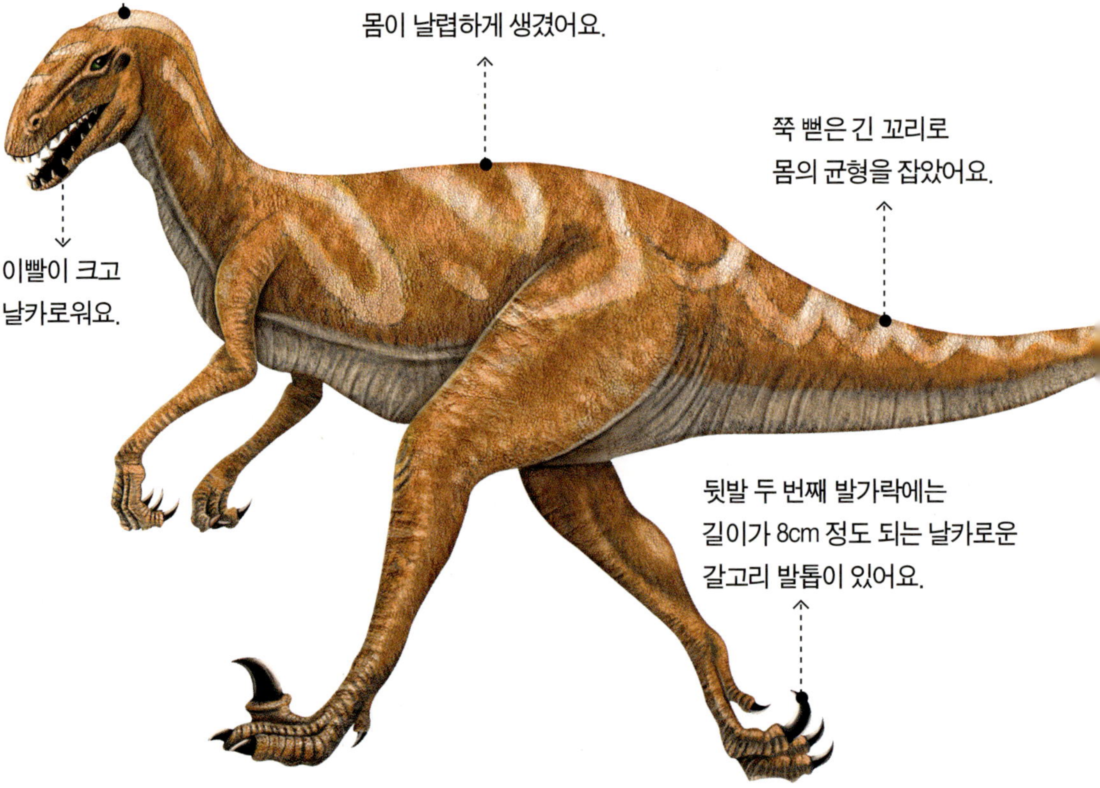

| 트라이아스기 | 쥐라기 | 백악기 |

내 이름의 뜻은 달리는 도마뱀이야!

이름이 랍토르로 끝나진 않지만 나는 엄연히 랍토르야. 데이노니쿠스(무시무시한 발톱)의 이름도 '랍토르'로 끝나진 않잖아? 내 이름의 뜻은 **달리는 도마뱀**이야. **무서운 발톱**과 **달리기 실력**, 둘 다 랍토르의 전형적인 특징이지.

- 분류 : 용반목/수각아목/드로마에오사우루스과
- 시대 : 백악기 후기
- 식성 : 육식
- 보행 : 2족
- 몸길이  ← 2m →
- 발견지 : 미국, 캐나다

드로마에오사우루스와 벨로키랍토르의 구별 방법은?

❶ 머리가 좋은지 구별한다.　❷ 무리 사냥을 했는지 알아본다.
❸ 두개골 모양으로 구별한다.　❹ 발톱으로 구별한다.

드로마에오사우루스와 벨로키랍토르는 굉장히 비슷한 특징을 가지고 있어요. 하지만, 두개골 모양이 달라 서로 구별할 수 있답니다.

Bambiraptor
밤비랍토르

꼬리가 뻣뻣하고 길어요.

지금까지 발견된 공룡 중, 새를 가장 많이 닮았어요. 몸집은 고양이만한 크기예요.

뇌가 커서 오늘날의 새처럼 지능적이에요.

1993년, 미국 몬타나주에서 화석 사냥꾼 가족에 의해 거의 완전한 골격이 발견되었어요.

새처럼 가슴에 * 차골이 있어요.

* 차골 : 차골은 새 종류에게서만 나타나는 뼈로, 사람의 경우 쇄골에 해당해요. 우리가 삼계탕을 먹을 때 닭의 목 부위에서 볼 수 있는 Y자형의 뼈가 바로 그것이지요.

| 트라이아스기 | 쥐라기 | 백악기 |

내 이름의 뜻은 아기 약탈자야!

안녕? 내 이름은 **밤비랍토르**! 월트디즈니사의 캐릭터, 아기사슴 밤비랑 이름이 똑같지.

내 팔다리가 가늘고 길어서 이런 이름이 붙은 거란다. 몸집은 또 얼마나 앙증맞은지, 작기도 작지만 몸무게가 불과 2kg밖에 안된단다.

- 분류 : 용반목/수각아목/드로마에오사우루스과
- 시대 : 백악기 후기
- 식성 : 육식
- 보행 : 2족
- 몸길이 ←70cm→
- 발견지 : 미국

다음 중 밤비랍토르의 모습이 아닌 것은 무엇일까?

 ❶　 ❷　 ❸　 ❹

정답 ❷

Microraptor
미크로랍토르

화석에서 깃털의 흔적이 발견되었어요.

깃털과 날개는 날기 좋은 모양을 하고 있으며 바람을 이용해서 움직여요.

다리와 꼬리에 뻣뻣하고 긴 깃털이 있어요.

발톱이 안쪽으로 둥글게 휘어 있어, 땅 위를 달리는 데에는 어울리지 않아요. 그래서 어떤 과학자들은 새처럼 나뭇가지를 움켜쥐고 앉는 데 적합한 발톱이라고도 하지요.

| 트라이아스기 | 쥐라기 | 백악기 |

내 이름의 뜻은 작은 약탈자야!

나는 지금껏 발견된 **가장 작은 공룡**이란다. 몸길이는 밤비랍토르와 비슷하지만, 몸무게는 겨우 **1kg**이지. 나는 완전히 날지는 못했지만, 초보 비행을 했어. 새처럼 날갯짓을 하는 게 아니라 행글라이더처럼 **바람**을 탈 수 있었다는 말씀이야.

- 분류 : 용반목/수각아목/드로마에오사우루스과
- 시대 : 백악기 전기
- 식성 : 육식
- 보행 : 2족
- 몸길이 : ←40~80cm→
- 발견지 : 중국

미크로랍토르 VS 날다람쥐

완전하지 않은 날개를 가진 동물에는 날다람쥐가 있어요. 좁은 숲 속, 높은 곳에서 뛰어내릴 때에 몸을 활짝 펼치면 바람을 타고 땅으로 무사히 내려앉을 수 있는 동물이지요.

트로오돈
Troodon

- 몸무게는 50kg인데, 뇌는 37~45kg이나 나가요. 몸 크기에 비해 뇌가 가장 큰 공룡이에요.
- 이빨이 커다란 톱니 모양처럼 생겼어요.
- 눈이 약 4.4cm로, 큰 편이에요. 밤에도 사냥할 수 있을 정도지요.
- 뒷다리는 길고 가늘어요.
- 발가락이 세 개 달린 앞발로 먹이를 움켜쥘 수 있었어요.
- 뒷발 두 번째 발가락에 갈고리 모양의 발톱이 있어요. 달릴 때는 이 발톱을 들어 올렸지요.

| 트라이아스기 | 쥐라기 | 백악기 |

내 이름의 뜻은 상처 내는 이빨이야!

질겅질겅질겅!

안녕? 톱니 같은 이빨을 가진 나의 이름은 트로오돈! 이름의 뜻도 상처 내는 이빨이야. 내 이빨 때문에 이런 잔인한 이름을 얻은 거란다.

나는 랍토르는 아니지만 랍토르의 먼 친척이야.

랍토르만큼 크진 않지만, 뒷발 두 번째 발가락에 갈고리 모양의 발톱이 있단다.

나는 내 전체 몸집에 비해 머리가 가장 큰 공룡이기도 해. 그래서 나를 발견한 사람들은 가장 똑똑한 공룡이라고도 불러.

빠른데 머리까지 좋다니! 난 정말 대단해!

- 분류 : 용반목/수각아목/트로오돈과
- 시대 : 백악기 후기
- 몸길이 : ←2m→
- 발견지 : 미국, 캐나다
- 식성 : 육식
- 보행 : 2족

용반류-수각류

Jinfengopteryx
진펭곱테릭스

--> 날개가 있지만, 오랫동안
    날 수 있을 만큼 튼튼하진 않아요.

--> 화석에서 깃털의 흔적이
    발견되었어요.

| 트라이아스기 | 쥐라기 | 백악기 |

내 이름의 뜻은 황금 봉황의 날개야!

휘익휘익~ 내 몸 좀 봐! 바람 부는 날에 활짝 펼치면 온 몸에 시원함이 느껴진다니까! 안녕? **트로오돈의 친척**, 진펭곱테릭스야. 누가 내 이름을 지었는지 내 모습과 참 어울리게 지었어! 생김새가 점점 새와 비슷해지지?

- 분류 : 용반목/수각아목/트로오돈과
- 시대 : 백악기 전기
- 식성 : 육식
- 보행 : 2족
- 몸길이 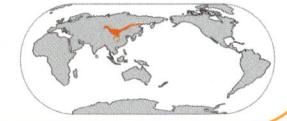 ←55cm→
- 발견지 : 중국

진펭곱테릭스는 왜 이름 뜻이 '황금 봉황의 날개'일까?

날개가 예뻐서? 발견된 깃털이 노란색이어서? 둘 다 아니에요. 진펭곱테릭스는 중국에서 발견되었어요. 진펭곱테릭스가 발견되었을 때 황금색을 좋아하는 중국 사람들이 죽지 않는 새, '불사조'라 생각했기 때문에 이름 뜻이 '황금 봉황의 날개' 랍니다.

Gallimimus
갈리미무스

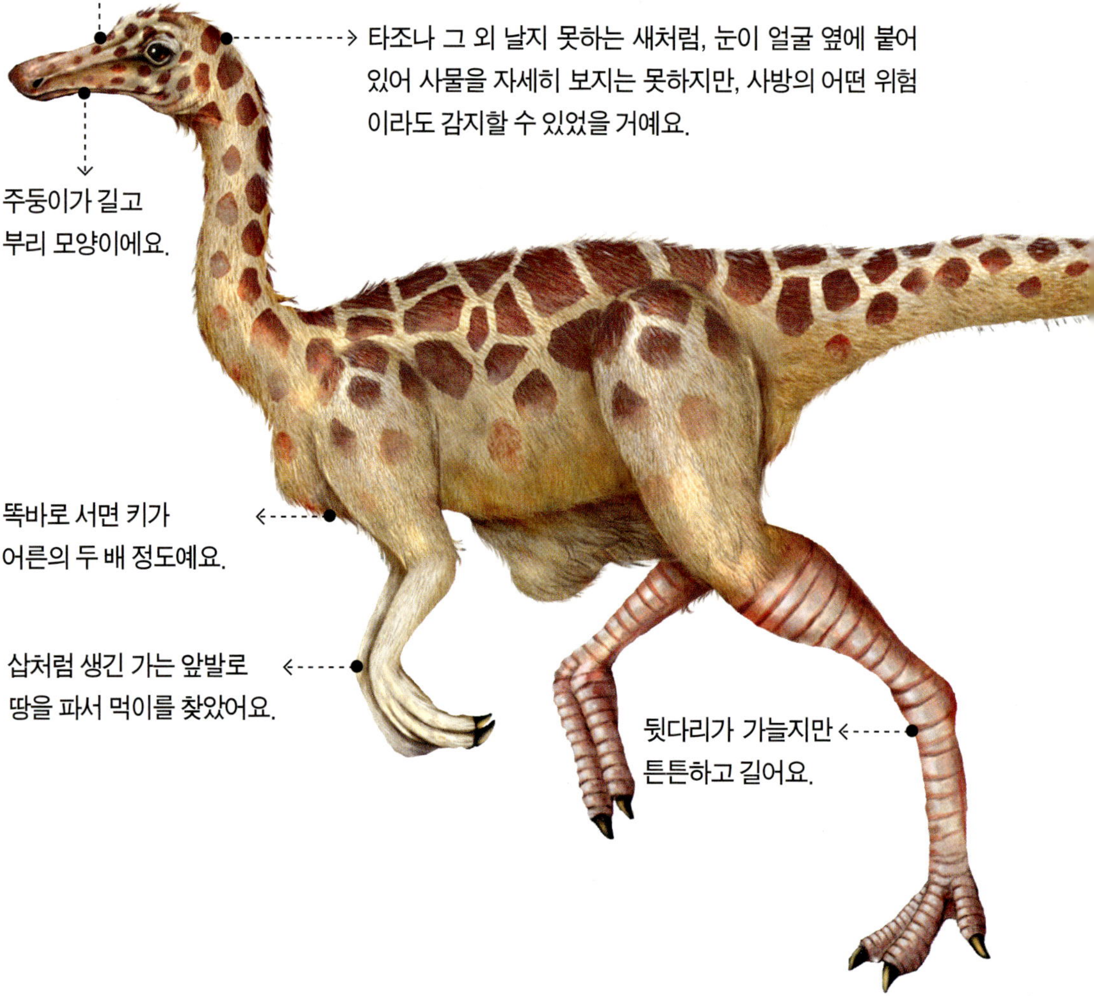

얼굴이 길쭉해요.

타조나 그 외 날지 못하는 새처럼, 눈이 얼굴 옆에 붙어 있어 사물을 자세히 보지는 못하지만, 사방의 어떤 위험이라도 감지할 수 있었을 거예요.

주둥이가 길고 부리 모양이에요.

똑바로 서면 키가 어른의 두 배 정도예요.

삽처럼 생긴 가는 앞발로 땅을 파서 먹이를 찾았어요.

뒷다리가 가늘지만 튼튼하고 길어요.

| 트라이아스기 | 쥐라기 | 백악기 |

내 이름의 뜻은 수탉 같은 생김새야!

자존심 상해!

나로 말할 것 같으면, 이 세상에서 **가장 빠른 공룡**이야.

한 시간에 60~70km를 달렸으니까 자동차만큼 빨랐다고. 그런데 수탉이라니!

나의 얇지만 길고 튼튼한 다리가 수탉과 비교나 되느냔 말이야!

나는 티라노사우루스나 메갈로사우루스 같은 무서운 사냥꾼은 아니었어. 큰 공룡들을 사냥해서 고기를 뜯어 먹기엔 내 입이 작고 약하거든.

그래서 큰 공룡보다는 도마뱀처럼 작은 동물을 잡아먹고 살았단다.

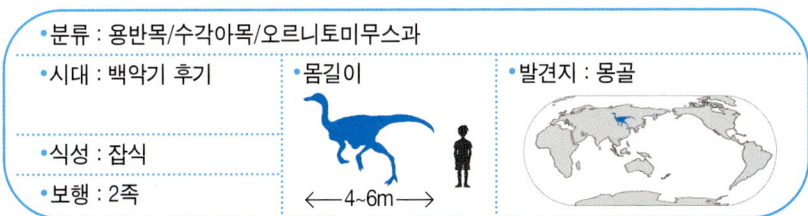

- 분류 : 용반목/수각아목/오르니토미무스과
- 시대 : 백악기 후기
- 몸길이 : 4~6m
- 발견지 : 몽골
- 식성 : 잡식
- 보행 : 2족

스트루티오미무스
Struthiomimus

- 눈이 커요.
- 머리가 몸에 비해 작은 편이에요.
- 부리가 뾰족해요.
- 목이 길고 가늘어요.
- 꼬리가 길어서 몸의 균형을 잡을 때 도움을 주지요.
- 앞발 힘이 세요.
- 뒷발이 길고 튼튼해요.

| 트라이아스기 | 쥐라기 | 백악기 |

내 이름의 뜻은 타조 같은 생김새야!

다다다다다다~

난 갈리미무스의 작은 친척이야. 나 역시 **엄청난 속도**를 자랑했지. 생긴 모습도 갈리미무스와 비슷하지 않니? 사람들은 내가 타조와 닮았다고 생각해서 이름을 **타조 같은 생김새**라고 지었단다.

- 분류 : 용반목/수각아목/오르니토미무스과
- 시대 : 백악기 후기
- 식성 : 잡식
- 보행 : 2족
- 몸길이  ← 4~4.5m →
- 발견지 : 캐나다, 미국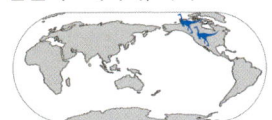

스트루티오미무스는 어느 시대의 공룡일까?

❶ 21세기 ❷ 신석기
❸ 백악기 ❹ 수증기

스트루티오미무스는 많은 지역에서 발견되고 있는데 백악기 후기 지층에서 발견됩니다. 주로 미국과 캐나다에서 발견되었지요.

Therizinosaurus
테리지노사우루스

➤ 목이 길고 머리가 작아요.

많은 양의 식물을 먹어서 배가 불룩해요.

낫처럼 생긴 발톱이 1m나 돼요. 처음에는 너무 길어서 갈비뼈 화석인 줄 알았대요.

| 트라이아스기 | 쥐라기 | 백악기 |

> 난 큰 낫 도마뱀 이라고!

나는 **독특한 공룡**이야. 왜냐고? 티라노사우루스, 벨로키랍토르, 기가노토사우루스 등이 있는 수각아목에 속하면서도 **식물**을 먹었거든. 그래서인지 초식공룡처럼 **긴 목**과 **작은 머리**를 가지고 있어. 낫처럼 생긴 **발톱**도, 나뭇잎 같은 식물을 긁어모으기에 좋단다.

그나저나 내 앞발톱 정말 무시무시하지? 육식공룡이 다가오다가도, 내가 커다란 앞발톱을 마구 휘두르면 꼼짝없이 달아난다니까! 덕분에 내 이름도 무시무시해. 누가 뭐래도 1m나 되는 **거대한 앞발톱**은 언제나 나를 지켜 주는 자랑할 만한 내 무기란다!

- 분류 : 용반목/수각아목/테리지노사우루스과
- 시대 : 백악기 후기
- 몸길이 : 7~8m
- 발견지 : 몽골
- 식성 : 잡식
- 보행 : 2족

용반류-수각류

Alxasaurus
알사사우루스

얼굴 뼈가 삼각형이에요.

이빨이 없고 입이 부리처럼 생겼어요. 하지만, 부리 뒤쪽에는 가는 잎사귀 모양의 작은 이빨이 나 있어요.

테리지노사우루스보단 짧지만, 앞발톱이 길어요.

| 트라이아스기 | 쥐라기 | 백악기 |

내 이름의 뜻은 알사의 도마뱀 이야!

사삭~ 사사삭~

나는 앞다리가 가늘고 앞발에 **커다란 발톱**이 있어. 테리지노사우루스처럼 앞발에 있는 세 개의 발톱 또한 길고 날카롭지! 난 주로 고기를 즐겨 먹었단다.

- 분류 : 용반목/수각아목/알사사우루스과
- 시대 : 백악기 전기
- 식성 : 잡식
- 보행 : 2족
- 몸길이  ← 3.5~4m →
- 발견지 : 몽골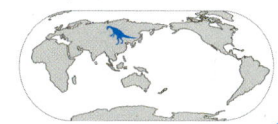

여기서 잠깐!

'빠르게 달리는 공룡'은 어떻게 알 수 있을까?

공룡들이 남긴 발자국을 보면 알 수 있답니다. 특히, 공룡 발자국의 크기와 발자국 사이의 간격을 보면 정확하진 않지만 가늠할 수 있지요. 발자국 주인으로 밝혀진 공룡의 몸집에 비해 발자국의 간격이 넓다면? 맞아요. 빨리 달리는 공룡이라는 증거가 되겠죠?

Beipiaosaurus
베이피아오사우루스

----> 입은 부리 모양이에요.

----> 몸에 짧은 깃털이 나 있어요.

----> 다리는 벌어진 간격이 커요.

앞발에 새처럼 깃털이 있어요.

| 트라이아스기 | 쥐라기 | **백악기** |

> 내 이름의 뜻은 베이퍄오의 도마뱀이야!

나는 발견된 곳 근처에 있는 도시인 **베이퍄오**에서 이름을 얻었어. **깃털** 달린 공룡 중에선 가장 큰 공룡으로 꼽히지. 이 때문에 학자들은 나의 친척인 테리지노사우루스와 알사사우루스에게도 깃털이 있었다고 생각한단다.

- 분류 : 용반목/수각아목/테리지노사우루스과
- 시대 : 백악기 전기
- 식성 : 잡식
- 보행 : 2족
- 몸길이 : 2.2~3m
- 발견지 : 중국

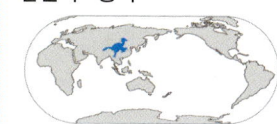

깃털이 있었는지 어떻게 알았을까?

> 네가 나의 조상?

베이피아오사우루스의 화석이 발견되었을 때, 공룡 연구가들은 깜짝 놀랐어요. 화석에서 깃털의 흔적을 발견한 거예요. 과학자들에게 5~7cm에 달하는 깃털의 흔적은, 테리지노사우루스와 공룡이 혹시 새의 조상이 아니었을까 하는 기대를 품게 했답니다.

덩치 큰, 네 발 공룡
용각류

포악한 수각류 공룡에 비해 용각류 공룡들은 대부분 식물을 뜯어먹고 사는 초식공룡이에요. 덩치가 어마어마하지요.

케티오사우루스

슈노사우루스

오메이사우루스

디플로도쿠스

슈퍼사우루스

암피코엘리아스

바로사우루스

아파토사우루스

브라키오사우루스

부경고사우루스

Cetiosaurus
케티오사우루스

케티오사우루스는 원시적인 용각류 공룡으로, 긴 목과 작은 머리를 가지고 있어요. 꼬리가 다른 용각류에 비해서 짧아요.

뼈가 무겁고 허리가 길어요.

다리는 짧고 튼튼해요.

트라이아스기 **쥐라기** 백악기

난 고래 도마뱀이야!

쿵, 쿵, 쿵~!

안녕? 나는 **초식공룡**이야.

초식공룡이라고 얕보지 마. 이래 봬도 쥐라기를 대표하는 대형 초식공룡이라고! 원래는 그리 크지 않았는데 쥐라기로 넘어오면서 **엄청난 크기**를 자랑하게 되었지.

내 화석은 영국에서 처음 발견되었어. 사람들이 나를 처음 발견했을 땐 **고래** 화석인 줄 알았대.

고래처럼 덩치가 큰데다가, 길쭉한 **등뼈**를 가지고 있으니 바다 생활에 어울린다고 생각한 모양이야. 그래서 내 이름이 **고래 도마뱀**이라는 뜻을 지니게 되었단다.

- 분류 : 용반목/용각형아목/케티오사우루스과
- 시대 : 쥐라기
- 식성 : 초식
- 보행 : 4족
- 몸길이 : ← 16~18m →
- 발견지 : 영국, 모로코

용반류-용각류 105

Shunosaurus
슈노사우루스

→ 다른 용각류에 비해 목이 짧아요.

뼈로 된 망치 같은 ← 꼬리가 있어요.

다리 길이가 사람 키만하고, 다 크면 10m 정도의 높이래요.

> 내 이름의 뜻은 스촨 땅의 도마뱀이야!

부웅부웅부웅~

조심해! 내 꼬리에 맞지 않으려면 말이야!

나는 **케티오사우루스**의 작은 친척이야. 다리 길이가 사람의 키 정도였지. 내 목이 길어 보이겠지만, 사실 다른 초식공룡들에 비하면 매우 짧은 편이란다.

물과 식물만 먹고 사는 내가, 사납기 그지없는 육식공룡들로부터 무사할 수 있었던 건 내 꼬리 끝에 있는 **뾰족한 돌기** 때문이야.

붕붕~ 바람을 가르며 휘두르는 뼈 망치, 정말 아프겠지?

- 분류 : 용반목/용각형아목/케티오사우루스과
- 시대 : 쥐라기 중기
- 식성 : 초식
- 보행 : 4족
- 몸길이  ← 9~10m →
- 발견지 : 중국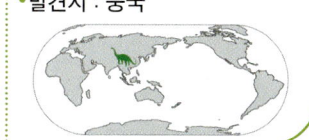

오메이사우루스
Omeisaurus

→ 콧구멍이 주둥이 끝에 있어요.

→ 목뼈가 길고 두꺼워요. 멀리서 육식공룡이 공격하러 오는 것도 볼 수 있을 정도예요.

어깨보다 엉덩이가 더 높이 솟아 있어요.

두꺼운 꼬리로 몸의 균형을 잡았어요.

| 트라이아스기 | 쥐라기 | 백악기 |

내 이름의 뜻은 오메이의 도마뱀이야!

안녕? 나는 중국 쓰촨 성의 오메이 산에서 발견되었어.

중국의 유명한 소림사와 쌍벽을 이루는 아미 파를 들어 본 적 있니?

아미 파가 자리 잡은 게 오메이 산이거든! 오메이사우루스라는 이름도 여기서 나온 거란다.

나의 다른 이름은 지공고사우루스야. 쯔꽁의 도마뱀이라는 뜻인데, 쯔꽁은 오메이 산이 있는 마을의 이름이야.

나는 목이 몸의 반을 넘게 차지해. 정말 길지?

그래도 척추 뼈 수가 다른 초식공룡보다 많은데다, 목뼈가 두꺼워서 긴 목을 가누기에 충분하단다.

- 분류 : 용반목/용각형아목/마멘치사우루스과
- 시대 : 쥐라기 후기
- 몸길이 : ← 10~20m →
- 발견지 : 중국
- 식성 : 초식
- 보행 : 4족

용반류-용각류

Diplodocus
디플로도쿠스

돌을 삼켜서 식물이 소화되는 것을 도왔어요. 이런 돌을 위석이라고 해요.

뼈로 된 작은 돌기가 나 있어요.

얼굴이 작아요. 멀리서 보면 꼬리랑 비슷해 보여요.

앞다리가 뒷다리보다 짧아요.

디플로도쿠스의 V자형 쉐브론 뼈 구조

V자 모양으로 된 튼튼한 꼬리뼈를 가지고 있어요. 이 꼬리 뼈는 심한 충격에도 견딜 수 있었다고 해요. 다른 공룡들보다 꼬리 힘이 강했지요.

| 트라이아스기 | 쥐라기 | 백악기 |

내 이름의 뜻은 두 가닥의 뼈야!

쿵쿵!
목과 꼬리가 엄청나게 긴 공룡, 나는 디플로도쿠스야.

뚱뚱한 몸통에 다리가 가운데에 있어서 꼭 시소 같지? 먹이를 구석구석 찾아 먹으려면 목이 길어야 하고, 목이 길면 꼬리도 길어서 몸의 균형을 잡아주어야 하니까 어쩔 수 없지. 멀리서 보면 어느 쪽이 머리인지 구분도 안 될 정도라니까.

나는 몸 전체 길이가 25m가 넘고, 몸무게도 10톤 이상이라 걸어 다니면 지진이 난 게 아닌지 착각할 정도야. 이 큰 몸집을 유지하려면 엄청난 양의 식물을 먹어야 한단다.

- 분류 : 용반목/용각형아목/디플로도쿠스과
- 시대 : 쥐라기 후기
- 몸길이 : 27~28m
- 발견지 : 미국
- 식성 : 초식
- 보행 : 4족

용반류-용각류 111

슈퍼사우루스
Supersaurus

→ 얼굴이 작아요.

발가락 다섯 개 중에 엄지발톱이 길어요. ←

| 트라이아스기 | 쥐라기 | 백악기 |

난 상식을 초월한 도마뱀이라고!

안녕? 난 디플로도쿠스의 거대한 친척이야. 우리 디플로도쿠스과 친구들은 거의 엄청 커. 나 역시 몸길이 40m 이상에 몸무게는 50톤이 넘지만, 몸의 구조와 습관은 디플로도쿠스와 별로 다를 게 없어. **커다란 디플로도쿠스**인 셈이지.

- 분류 : 용반목/용각형아목/디플로도쿠스과
- 시대 : 쥐라기 후기
- 식성 : 초식
- 보행 : 4족
- 몸길이  40~42m
- 발견지 : 미국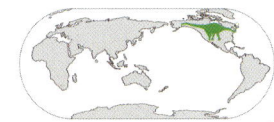

여기서 잠깐!

소화를 위해서 돌(=위석)을 먹는다고?!

디플로도쿠스 같은 공룡들은 얼굴이 매우 작았어요. 이빨은 연필 정도의 두께밖에 안되서, 질긴 식물은 잘 씹을 수 없었지요. 그래서 각진 돌멩이를 삼켰어요. 돌멩이는 뱃속에서 빙글빙글 돌며 음식물을 잘게 부수지요. 모서리가 닳아서 소용없어진 돌은 다시 긴 목을 통해 뱉어 냈답니다.

Amphicoelias
암피코엘리아스

→ 지금은 암피코엘리아스 뼈가 없어져서, 같은 종이 발견될 때까지는 종류도 정할 수가 없대요.

→ 어마어마한 암피코엘리아스의 몸집이에요.
등뼈 높이: 2.4m
몸무게: 100~150톤

커다란 뼈는 속이 비어서 가벼워요.

| 트라이아스기 | 쥐라기 | 백악기 |

내 이름의 뜻은 양쪽 모두 텅 빔이야!

내 화석은 1877년에 발견되었어. **등뼈** 두 개가 발견되었는데 모두 속이 비어 있었단다. 그래서 **둘 다 비었다**는 뜻의 암피코엘리아스라는 이름을 얻게 된 거야.

과학자들은 훗날 내가 디플로도쿠스과의 공룡이라는 사실을 알게 되었다고 하더구나. 그래서 등뼈 화석을 기준으로 전체 크기를 계산해 내었대. 그러자 엄청난 결과가 나왔어. 그 크기를 눈으로 확인해 볼까?

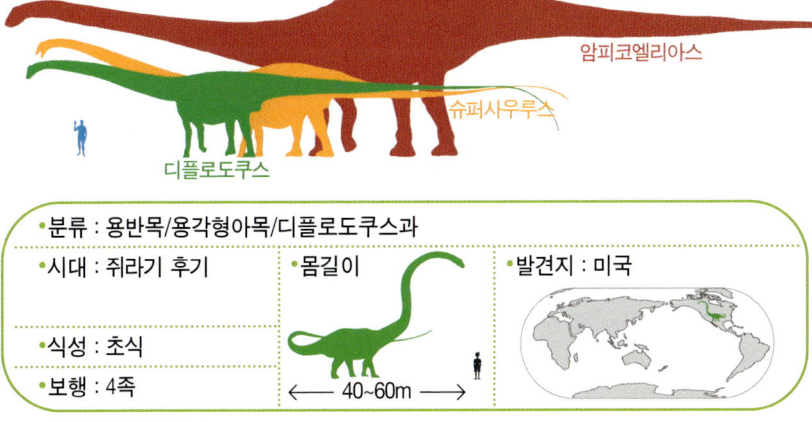

- 분류 : 용반목/용각형아목/디플로도쿠스과
- 시대 : 쥐라기 후기
- 식성 : 초식
- 보행 : 4족
- 몸길이 : 40~60m
- 발견지 : 미국

용반류-용각류 115

Barosaurus
바로사우루스

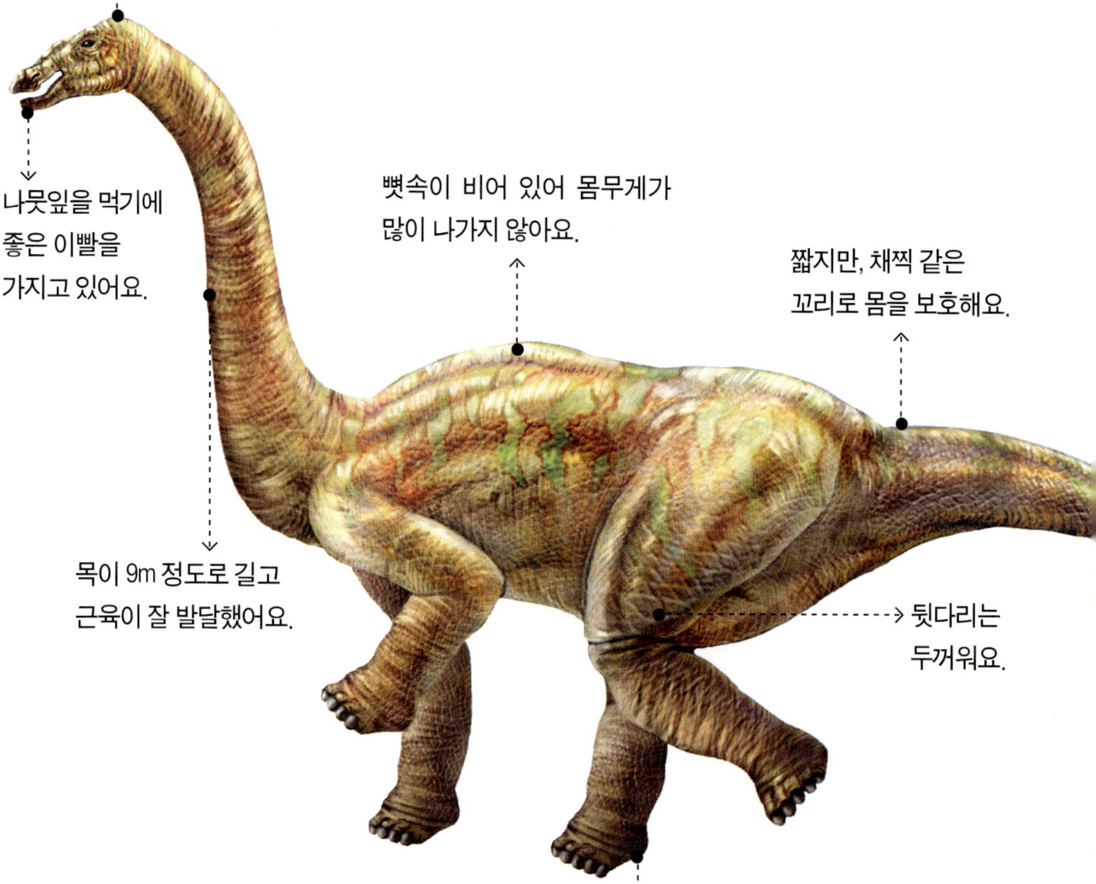

- 머리가 작아요.
- 나뭇잎을 먹기에 좋은 이빨을 가지고 있어요.
- 뼛속이 비어 있어 몸무게가 많이 나가지 않아요.
- 짧지만, 채찍 같은 꼬리로 몸을 보호해요.
- 목이 9m 정도로 길고 근육이 잘 발달했어요.
- 뒷다리는 두꺼워요.
- 뒷발로 자신의 몸을 세워 적을 위협했어요.

| 트라이아스기 | 쥐라기 | 백악기 |

내 이름의 뜻은 무거운 도마뱀이야!

디플로도쿠스의 가장 가까운 친척, 나는 바로사우루스야.

몸길이나 몸무게가 디플로도쿠스와 비슷했단다. 다만, 목은 좀 더 길고 꼬리는 좀 더 짧았다는 게 다른 점이지. 그나저나 우리 가족들은 몸집이 참 거대하지 않니?

- 분류 : 용반목/용각형아목/디플로도쿠스과
- 시대 : 쥐라기 후기
- 몸길이  26~28m
- 식성 : 초식
- 보행 : 4족
- 발견지 : 미국, 탄자니아

여기서 잠깐!

공룡은 왜 그렇게 클까?

식물을 먹는 공룡 중에는 거대한 친구들이 참 많습니다. 공룡이 이렇게 커진 건 공룡이 살아가기에 중생대의 환경이 아주 적합했기 때문이랍니다. 기후는 언제나 따뜻했고 먹이도 많았어요. 굶어 죽는 공룡은 어디서도 찾아보기 어려울 정도였지요.

용반류-용각류 117

Apatosaurus
아파토사우루스

뇌룡이라고도 불러요. 몸집이 너무 커서 걸을 때는 틀림없이 천둥이 치듯 땅이 심하게 울렸을 것이라는 상상에서 붙여진 이름이에요.

꼬리가 가늘고 길어요.

몸통이 짧지만 커요.

몸집이 큰 것에 비해 뇌가 가장 작은 공룡이에요.

목이 길어요.

앞발을 들고 설 수 있지만, 몸무게를 지탱하려고 보통 네 발로 걸어 다녀요.

| 트라이아스기 | 쥐라기 | 백악기 |

> 난 속이는 도마뱀이라고!

어기적~ 어기적~ 어기적~

안녕? 나는 아파토사우루스야! 내 뼈가 발견되었을 때, 사람들은 바다 파충류의 뼈라고 생각했대.

바다의 무법자, 모사사우루스와 뼈 구조가 비슷했거든. 그런데 알고 보니 디플로도쿠스의 친척이었던 거야. 그래서 속이는 도마뱀이라는 억울한 이름을 얻게 되었어. 사실 난 속인 적도 없는데 말이야.

비밀 하나 말해줄까? 나는 몸에 비해 머리가 가장 작은 공룡이야. 그 때문에 사람들은 내가 머리가 나빴을 거라고 말하지. 체!

어? 내가 아침을 먹었던가? 왜 자꾸 까먹지? 하하!

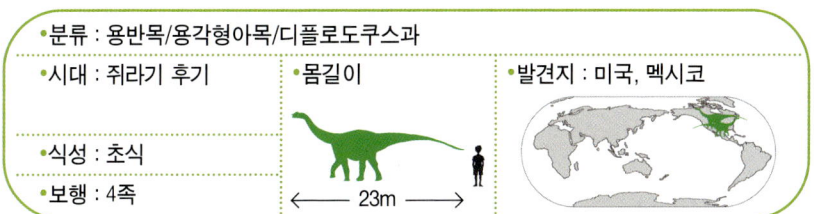

- 분류 : 용반목/용각형아목/디플로도쿠스과
- 시대 : 쥐라기 후기
- 식성 : 초식
- 보행 : 4족
- 몸길이 : 23m
- 발견지 : 미국, 멕시코

Brachiosaurus
브라키오사우루스

머리뼈에 공간이 많아 가벼워요.

브라키오사우루스는 키가 커서 햇볕을 피하고 싶어도 쉴 그늘을 찾기 어려웠어요. 하지만, 콧구멍이 눈보다 위에 있어 뜨거워진 머리를 시원하게 식힐 수 있었답니다.

튼튼한 목은 길이가 16m나 되요.

어깨가 튼튼해요.

앞다리가 뒷다리보다 길어요.

| 트라이아스기 | 쥐라기 | 백악기 |

내 이름의 뜻은 **팔 도마뱀**이야!

나는 50톤이나 나가는 거구였단다. 하지만, 엄청난 덩치 외에도 재미있는 특징이 있어.

공룡으로서는 정말 특이하게 **앞다리가 뒷다리보다 길지**. 그래서 '팔 도마뱀'이라는 이름을 얻었단다.

나는 어깨와 목이 튼튼해서 **가분수**처럼 생겼어. 디플로도쿠스와는 달리 목을 세울 수도 있었지.

그 높이가 13미터 이상은 된다고!

브라키오사우루스 두개골

- 분류 : 용반목/용각형아목/브라키오사우루스과
- 시대 : 쥐라기 후기
- 몸길이 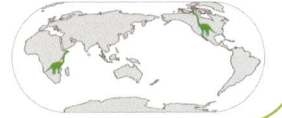 25m
- 발견지 : 미국, 탄자니아
- 식성 : 초식
- 보행 : 4족

Pukyongosaurus

부경고사우루스

목이 길어서 나뭇잎을 따 먹기에 좋아요. 큰 덩치를 유지하려면 엄청나게 먹었을 테니, 부경고사우루스가 지나가면 숲이 엉망진창이 되었겠지요? 하지만, 햇볕을 받아야 하는 키 작은 식물에게는 고마운 공룡이었을 거예요.

앞다리가 뒷다리보다 길어요.

| 트라이아스기 | 쥐라기 | 백악기 |

내 이름의 뜻은 부경대학교의 도마뱀이야!

백악기에 한반도는 공룡들의 천국이었어. 그중에서도 난 **한국**에서 처음 발견된 공룡, 부경고사우루스야. 한국식 이름이 붙은 최초의 공룡이지. 난 브라키오사우루스와 비슷한 몸매를 가지고 있어. 다르다면, 콧구멍이 눈 위에 있진 않다는 거?

- 분류 : 용반목/용각형아목/에우헬로푸스과
- 시대 : 백악기 전기
- 몸길이 : 20m
- 발견지 : 경남 하동
- 식성 : 초식
- 보행 : 4족

부경고사우루스의 이름은 어느 나라에서 지었을까?

① 미국
② 한국
③ 중국
④ 일본

부경고사우루스는 경상남도 하동군에서 부경대학교 백인성 교수팀이 발견해서, 부경고사우루스라고 이름 지었답니다.

정답 ❷

새의 엉덩이 뼈를 닮았어!

조반류 공룡

- 조각류
- 각룡류
- 검룡류
- 곡룡류
- 후두류

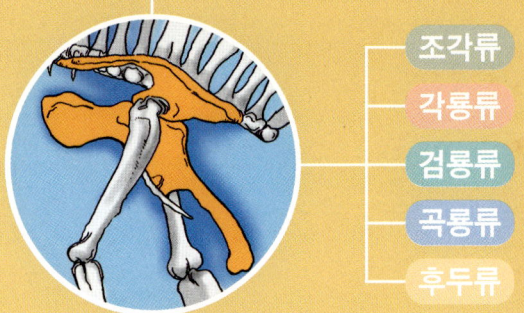

이제는 새의 골반을 닮은 조반류 공룡들을 살펴볼 거예요. 옆 그림은 조반류의 대선배격인 레소토사우루스예요. 날카롭고 휜 이빨로 질긴 식물을 뜯어먹고 살았지요. 조반류 공룡들은 대체로 초식공룡이에요. 육식공룡의 먹이가 되기 쉬웠기 때문에 대체로 여럿이서 함께 다녔어요. 하지만, 그것만으로는 충분하지 않았어요.
조반류 공룡에는 두 발로도 걷고 네 발로도 걷던 조각류, 등에 판이 있는 검룡류, 갑옷 입은 곡룡류, 뿔을 가진 각룡류, 박치기 공룡 후두류 등으로 나뉜답니다. 이들이 육식공룡과 중생대를 살아가려면 각자 자기들만의 무기가 필요했지요.

두 발로도 걷고 네 발로도 걷던 공룡
조각류

덩치 큰 육식 공룡을 따돌리려면 빠른 다리가 필요했던 조각류 공룡들! 이 공룡들은 오랫동안 두각을 나타내지 못하다가 백악기에 이르러 갑자기 번성해요.
바로 오리주둥이 덕분이지요.

에드몬토사우루스

람베오사우루스

파라사우롤로푸스

카로노사우루스

코리토사우루스

친타오사우루스

마이아사우라

에드몬토사우루스
Edmontosaurus

코 주변의 피부가 느슨해서 부풀릴 수 있었는데 자신을 보호하거나 과시할 때 썼어요.

오리주둥이처럼 생긴 입을 가졌고, 입 안에 6줄이 넘는 이빨이 있어요. 이빨이 700~800개나 되었지요.

뒷다리 힘이 세요.

앞다리가 뒷다리보다 짧아요.

발에 굽이 있어요.

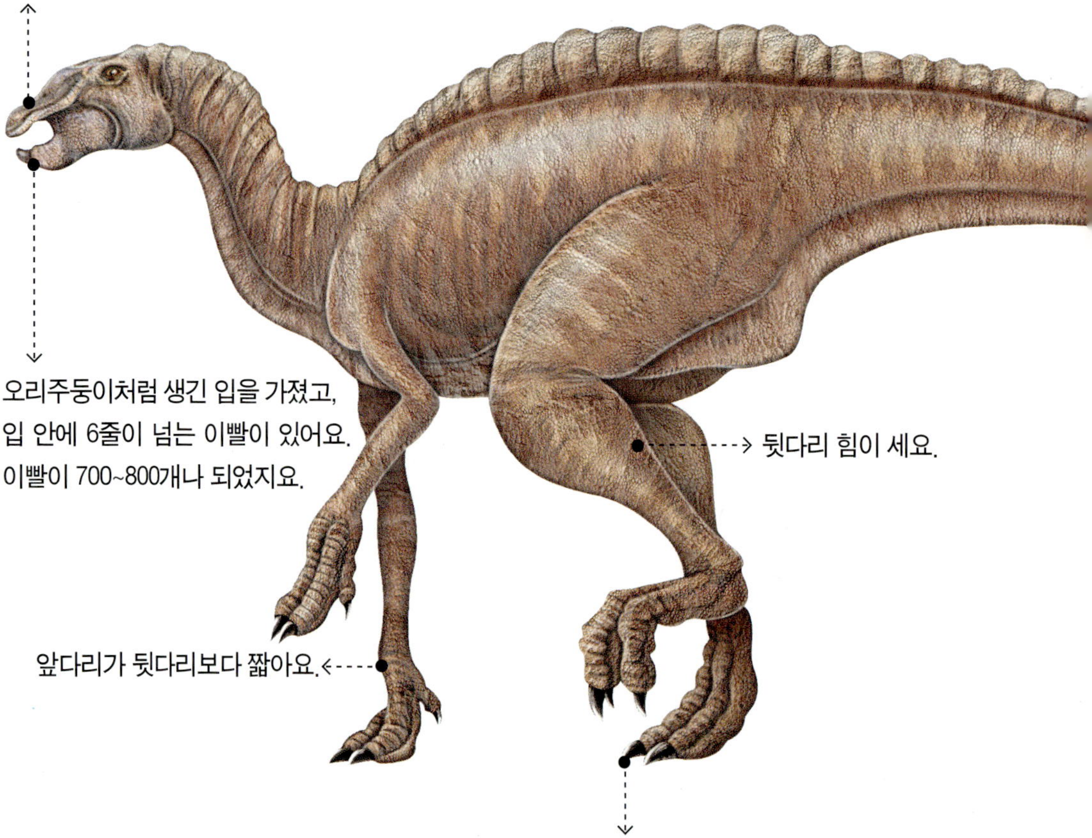

| 트라이아스기 | 쥐라기 | 백악기 |

내 이름의 뜻은 에드몬토의 도마뱀이야!

에드몬토라는 지방에서 처음 발견된 나는 오리주둥이공룡이란다. 우리 오리주둥이공룡들은 오리처럼 넓적한 입이 삐죽 나와 있어.

이 주둥이는 우리한테 무척 중요해. 오리주둥이가 생기기 전까지 초식공룡은 식물을 무작정 삼켜 먹었거든. 그래서 소화시킬 때마다 늘 애를 먹어야 했고, 때로는 위석도 필요했어. 하지만, 오리주둥이 입은 식물을 입 안에서 부드럽게 해 주는 구조로 되어 있단다. 대단한 변화였지. 그래서 오리주둥이공룡들이 엄청나게 번성하게 된 거야.

에드몬토사우루스 두개골

- 분류 : 조반목/조각하목/하드로사우루스과
- 시대 : 백악기 후기
- 몸길이 : 13m
- 발견지 : 미국, 캐나다
- 식성 : 초식
- 보행 : 2족과 4족

조반류-조각류 129

Lambeosaurus
람베오사우루스

뒤쪽에도 볏이 있어요.

머리에 넓적한 도끼 모양의 볏이 있어요. 암컷과 어린 수컷의 볏은 작고 끝이 둥근 모양이에요. 이 볏은 기관지와 연결된 콧구멍이 넓어진 것으로, 으르렁거리는 소리를 울리게 해요. 어릴 때는 없다가 자라면서 점점 커지지요.

냄새를 잘 맡아요.

앞다리가 뒷다리보다 짧아요.

트라이아스기 쥐라기 백악기

내 이름의 뜻은 람베의 도마뱀이야!

나 역시 다른 오리주둥이공룡들처럼 평소엔 **네 발**로 식물을 뜯어 먹었어. 그러다가 무서운 공룡들이 나타나면 재빨리 **두 발**로 달리기를 했단다. 또 성별과 나이에 따라 다르게 생긴 **볏**도 있지. 우리 오리주둥이공룡만의 특징이야!

- 분류 : 조반목/조각하목/하드로사우루스과
- 시대 : 백악기 후기
- 몸길이 : 15m
- 발견지 : 미국, 캐나다
- 식성 : 초식
- 보행 : 2족과 4족

람베오사우루스의 볏

초기 캐나다의 화석 사냥꾼, 로렌스 람베의 이름을 딴 람베오사우루스는 머리에 커다란 볏이 있는 공룡이에요. 이 볏은 나이가 많고 적음에 따라서 달라요. 어떤 람베오사우루스는 볏이 머리보다도 더 컸답니다. 과학자들은 집단생활을 하는 람베오사우루스가 친구들에게 신호를 보낼 때 이 볏을 썼을 거라고 추측하지요.

조반류-조각류 131

Parasaurolophus
파라사우롤로푸스

냄새를 잘 맡아요.

→ 볏의 길이가 1.8m 정도예요.
속은 비어 있고 콧구멍과 연결되어 있지요.

→ 몸집이 커요.

앞다리가 뒷다리에 비해 짧아요.

| 트라이아스기 | 쥐라기 | 백악기 |

난 사우롤로푸스를 닮은 도마뱀이야!

뿌우~~

안녕? 내 자랑은 **볏**이 사람만큼 크다는 거야. 어때? 멋있지?

이 커다란 볏이 어디에 쓰였게?

좁고 기다란 **관**에 공기를 훅 집어넣으면 "뿌우~" 하고 소리가 날 것 같지 않니?

- 분류 : 조반목/조각하목/하드로사우루스과
- 시대 : 백악기 후기
- 식성 : 초식
- 보행 : 2족과 4족
- 몸길이 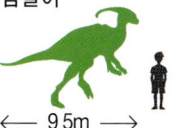 ← 9.5m →
- 발견지 : 미국, 캐나다

파라사우롤로푸스의 볏은 어떤 일을 하는 걸까?

어떤 과학자들은 짝을 유혹하기 위한 장식이었다고 말해요. 또 다른 과학자들은 무리지어 사는 오리주둥이공룡들이 서로 신호를 보낼 때 쓰는 신체 기관이라고도 말하지요. 육식공룡이 나타나면 볏을 피리 삼아 특별한 소리를 내서 서로 도망갈 수 있도록 한다는 거예요. 신기하죠?

카로노사우루스
Charonosaurus

파라사우롤로푸스보다 볏이 짧아요.

아시아에서 발견된 오리주둥이 공룡 중에 몸집이 큰 편이에요.

입이 납작하고 평평해요.

| 트라이아스기 | 쥐라기 | 백악기 |

내 이름의 뜻은 카론의 도마뱀이야!

나는 람베오사우루스의 가까운 친척인 카로노사우루스. 덩치는 훨씬 크지만, 볏은 더 작단다.

오리주둥이공룡의 가족 나무!

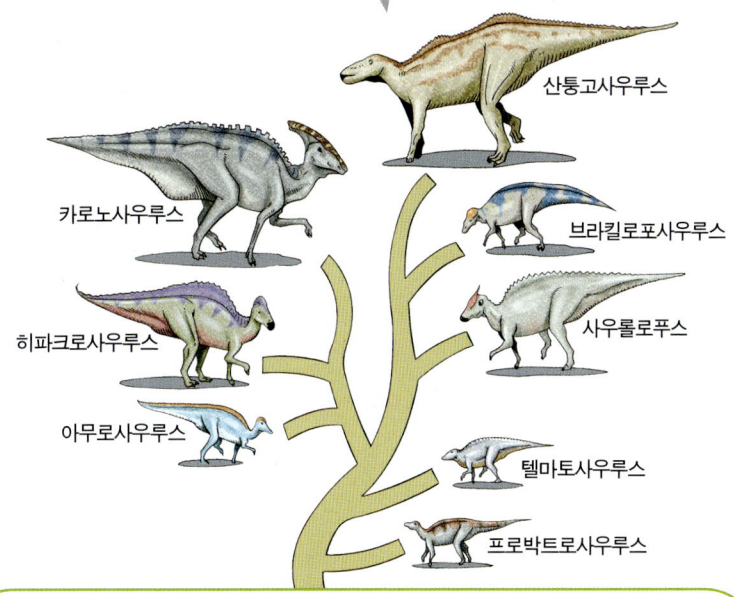

- 산퉁고사우루스
- 카로노사우루스
- 브라킬로포사우루스
- 히파크로사우루스
- 사우롤로푸스
- 아무로사우루스
- 텔마토사우루스
- 프로박트로사우루스

- **분류** : 조반목/조각하목/하드로사우루스과
- **시대** : 백악기 후기
- **몸길이** : 13m
- **발견지** : 중국
- **식성** : 초식
- **보행** : 2족과 4족

조반류-조각류 135

Corythosaurus
코리토사우루스

머리뼈에 둥근 모양의 볏이 있어요.

입 안에 작은 이빨이 많이 있는데 빠지면 새로운 이빨이 계속해서 자라요.

앞발보다 뒷발이 매우 커요. 다른 오리주둥이공룡들보다 빨리 달리는 데에 유리해요.

| 트라이아스기 | 쥐라기 | 백악기 |

내 이름의 뜻은 헬멧 도마뱀이야!

부릉부릉~ 날 좀 봐!
달리는 모습이 꼭 헬멧을 쓰고 달리는 것 같지 않니?
내 이름의 뜻은 **헬멧 도마뱀**이야.
둥글게 솟은 내 **볏** 모양이 옆에서 보면 꼭 헬멧처럼 생겼다고 해서 붙여졌지. 어때? 직접 보고 싶지?

- 분류 : 조반목/조각하목/하드로사우루스과
- 시대 : 백악기 후기
- 식성 : 초식
- 보행 : 2족과 4족
- 몸길이 : 10m
- 발견지 : 미국, 캐나다

여기서 잠깐!

공룡은 왜 지금 없을까?

공룡은 백악기를 끝으로 멸종했어요. 온도가 아주 낮은 빙하기가 찾아와서 공룡이 얼어 죽었다고 하는 과학자도 있고, 지구에 운석이 충돌해 그 충격으로 죽었다고 하는 과학자도 있어요. 확실한 건, 갑자기 변한 환경에 적응하지 못해 공룡들이 사라졌다는 거랍니다.

조반류-조각류 137

친타오사우루스
Tsintaosaurus

- 뿔처럼 길쭉한 골침이 이마에 나 있어요.
- 납작한 입 안에는 이가 층층이 쌓여 있어 음식물을 자르기 편해요.
- 앞발가락은 바깥쪽 아기 발가락을 포함해서 네 개예요.
- 뒷발가락은 세 개예요.

트라이아스기 | 쥐라기 | 백악기

내 이름의 뜻은 칭따오의 도마뱀이야!

니하오~ 나는 칭타오~

하하, 안녕? 이름만 들어도 어쩐지 중국 느낌이 나지 않니?

나는 1958년에 중국 산둥 성 **칭따오**에서 발견되었어. 이마에 커다란 **볏**이 나 있는데 끝이 양쪽으로 갈려 있단다.

- 분류 : 조반목/조각하목/하드로사우루스과
- 시대 : 백악기 후기
- 식성 : 초식
- 보행 : 2족과 4족
- 몸길이 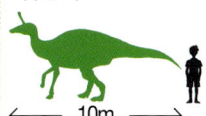 10m
- 발견지 : 중국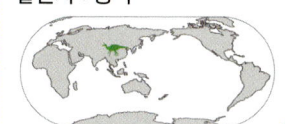

칭타오사우루스가 무리지어 생활했다는 걸 어떻게 알았을까?

공룡을 연구하는 과학자는 발자국 화석만으로 발자국 주인에 대해 짐작할 수 있어요. 칭따오에서 크고 넓적한 칭타오사우루스의 화석을 발견했을 때, 주변에서 같은 종류로 보이는 다른 발자국이 여러 개가 발견된 거예요. 그래서 칭타오사우루스가 무리지어 생활했다는 걸 알았지요.

조반류-조각류 139

Maiasaura
마이아사우라

코뼈가 길고 넓적한데, 콧구멍은 작아요.

이마에 혹이 나 있어요.

꼬리가 길고 탄탄해요.

두 발로도 걷고 네 발로 걸었어요.

주둥이가 오리처럼 넓적하게 생겼고 이빨이 발달해서 나뭇잎과 열매 등 다양한 식물을 먹어요.

| 트라이아스기 | 쥐라기 | 백악기 |

난 좋은 엄마 도마뱀이야!

쉿! 조용히 해!
지금 내 새끼들이 자고 있잖아!
나는 볏이 없지만 오리주둥이공룡에 속해. 주로 **집단생활**을 하며 **알**을 품고 새끼를 키웠지. 그래서 사람들이 나를 '좋은 엄마 도마뱀' 이라고 부르는 거란다.

- 분류 : 조반목/조각하목/하드로사우루스과
- 시대 : 백악기 후기
- 식성 : 초식
- 보행 : 2족과 4족
- 몸길이

9m

- 발견지 : 미국, 캐나다

여기서 잠깐!

공룡알의 크기는 어느 정도일까?

공룡의 몸집이 크기 때문에 알도 무척 클 것으로 생각하기 쉬운데 꼭 그렇지만은 않답니다. 공룡의 알은 대개 10~30cm 정도로 그 모양이 달걀과 비슷해요. 농구공 크기만한 것에서부터 새알만한 것도 있답니다.

조반류-조각류 141

머리에 뿔 달린, 네 발 공룡
각룡류

조각류만큼 번성했던 각룡류 역시 초식공룡이에요. 부리 같이 생긴 입으로 식물을 먹었지요. 목 둘레에 있는 프릴과 뾰족한 뿔이 공통적인 특징이에요. 이 뿔로 육식 공룡을 공격하진 못해도 자기를 방어하는 수단으로는 사용할 수는 있었을 거예요.

프로토케라톱스

트리케라톱스

모노클로니우스

펜타케라톱스

센트로사우루스

Protoceratops
프로토케라톱스

머리와 목을 감싼 것을 프릴이라고 해요. 별다른 무기가 되지는 못했어요.

꼬리가 길어서 키가 커 보여요. 하지만, 꼬리를 빼면 돼지나 양 정도의 덩치밖에 안되었지요.

입이 앵무새 부리처럼 생겼어요.

턱과 입이 튼튼해서 식물의 줄기도 먹었어요.

다리가 튼튼해요.

| 트라이아스기 | 쥐라기 | 백악기 |

내 이름의 뜻은 최초의 뿔 얼굴이야!

안녕? 친구들?

어?! 무서워하지 마! 얼굴이 커서 무서워 보이겠지만 이래 봬도 식물을 먹고 사는 초식공룡이란 말이야! 꼬리를 빼면 돼지나 양 정도의 덩치밖에 안된다고.

뿔도 없으면서 왜 내 이름이 최초로 뿔이 난 공룡인지 궁금해하는 친구들이 있는데, 내 얼굴을 잘 봐! 크진 않지만 봉긋 솟은 작은 돌기가 보이지?

나와 비슷하게 생긴 트리케라톱스나 모노클로니우스 등 뿔이 있는 공룡 중에선 내가 제일 오래된 공룡이라서 나를 최초의 각룡이라 부르는 거란다.

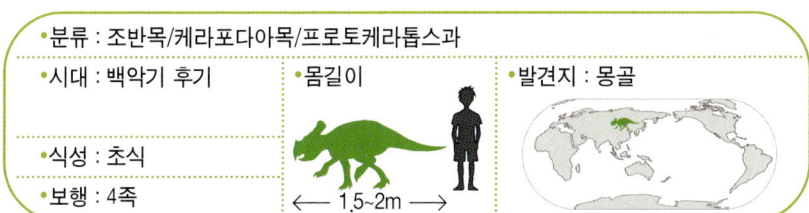

- 분류 : 조반목/케라포다아목/프로토케라톱스과
- 시대 : 백악기 후기
- 몸길이 : 1.5~2m
- 발견지 : 몽골
- 식성 : 초식
- 보행 : 4족

조반류-각룡류 145

트리케라톱스
Triceratops

프릴 가장자리 곳곳에 돌기가 나 있어요.
뿔과 골판은 모두 뼈가 발달해서 생긴 거예요.

몸보다 머리가 커요.

얼굴에 크고 강한 뿔이 세 개나 있어요.

몸이 크고 탄탄했어요.

입이 부리 모양이에요.

앞발가락은 다섯 개, 뒷발가락은 네 개예요.

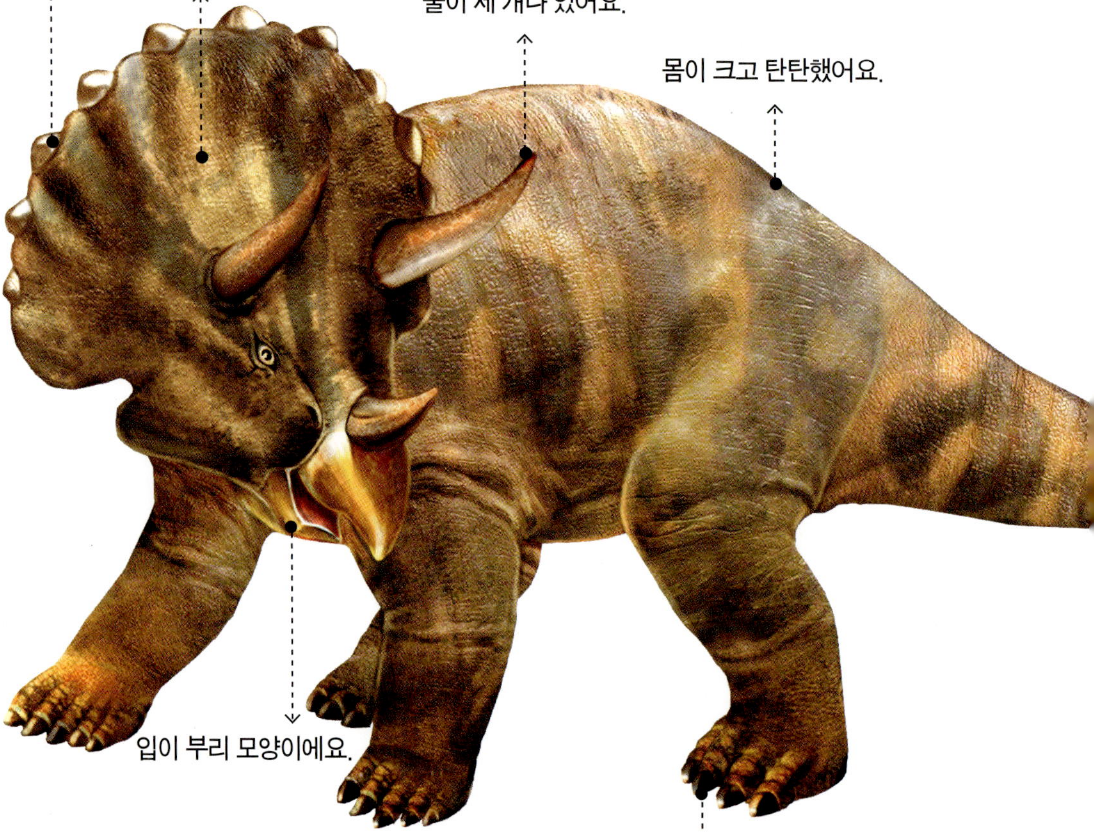

> 내 이름의 뜻은 세 개의 뿔이 있는 얼굴이야!

각룡, 즉 **뿔을 가진 공룡 중에선 가장 큰 덩치**를 자랑하는 나! 친구들이 좋아하는 **트리케라톱스**야! 아마 각룡 중에서는 내가 가장 유명하지 않을까 싶은데? 하하

나는 얼굴에 **뿔이 세 개**나 있어. 육식공룡이 나를 공격하려 하면, 이 뿔로 그냥 콱!

이게 암컷들에게 얼마나 인기가 좋은지 모르지?

난 **몸에 비해서 머리가 큰 편**이야. 마치 새의 부리처럼 생긴 **강력한 부리**로 질긴 식물을 뜯어 먹으며 살았어.

나와 같은 각룡은 백악기 후기에 번성했단다.

- 분류 : 조반목/케라포다아목/케라톱시드과
- 시대 : 백악기 후기
- 식성 : 초식
- 보행 : 4족
- 몸길이 : 8~9m
- 발견지 : 미국, 캐나다

Monoclonius
모노클로니우스

머리가 아주 커요. 부리에서 프릴까지 길이가 1.8m나 되지요.

코 위쪽에 하늘로 솟은 커다란 뿔이 있어요.

눈 위에 작은 뿔 두 개가 나 있어요.

짧은 주둥이 끝에 앵무새처럼 이빨이 없는 부리가 있지만 뺨 쪽에 많은 이빨이 나 있어요.

| 트라이아스기 | 쥐라기 | 백악기 |

내 이름의 뜻은 하나의 뿔이 있는 얼굴이야!

코 위에 커다란 뿔이 한 개 나 있어서 내 이름은 모노클로니우스! 각룡 중에서는 **가장 먼저 사람들에게 발견**되었어.
나도 다른 각룡들처럼 **프릴**이 있고, 주로 나뭇잎이나 줄기 등을 뜯어 먹고 살았단다.

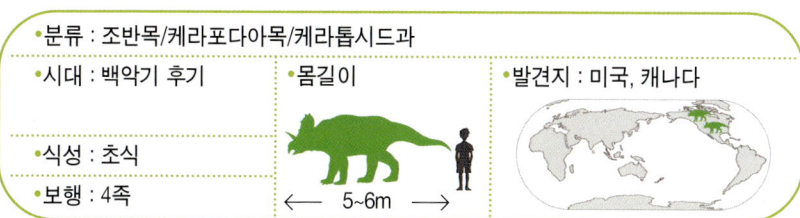

- 분류 : 조반목/케라포다아목/케라톱시드과
- 시대 : 백악기 후기
- 식성 : 초식
- 보행 : 4족
- 몸길이 : 5~6m
- 발견지 : 미국, 캐나다

여기서 잠깐!
내 뿔이 제일 멋있어!

아리노케라톱스 · 카스모사우루스 · 모노클로니우스
알베르타케라톱스 · 아바케라톱스 · 안키케라톱스 · 센트로사우루스

펜타케라톱스
Pentaceratops

코에 달린 뿔은 짧아요.

이마에 뿔이 두 개예요.

기다란 프릴에 구멍이 나 있어요.

광대뼈가 뿔처럼 튀어나와 있어요.

다리가 매우 튼튼해요.

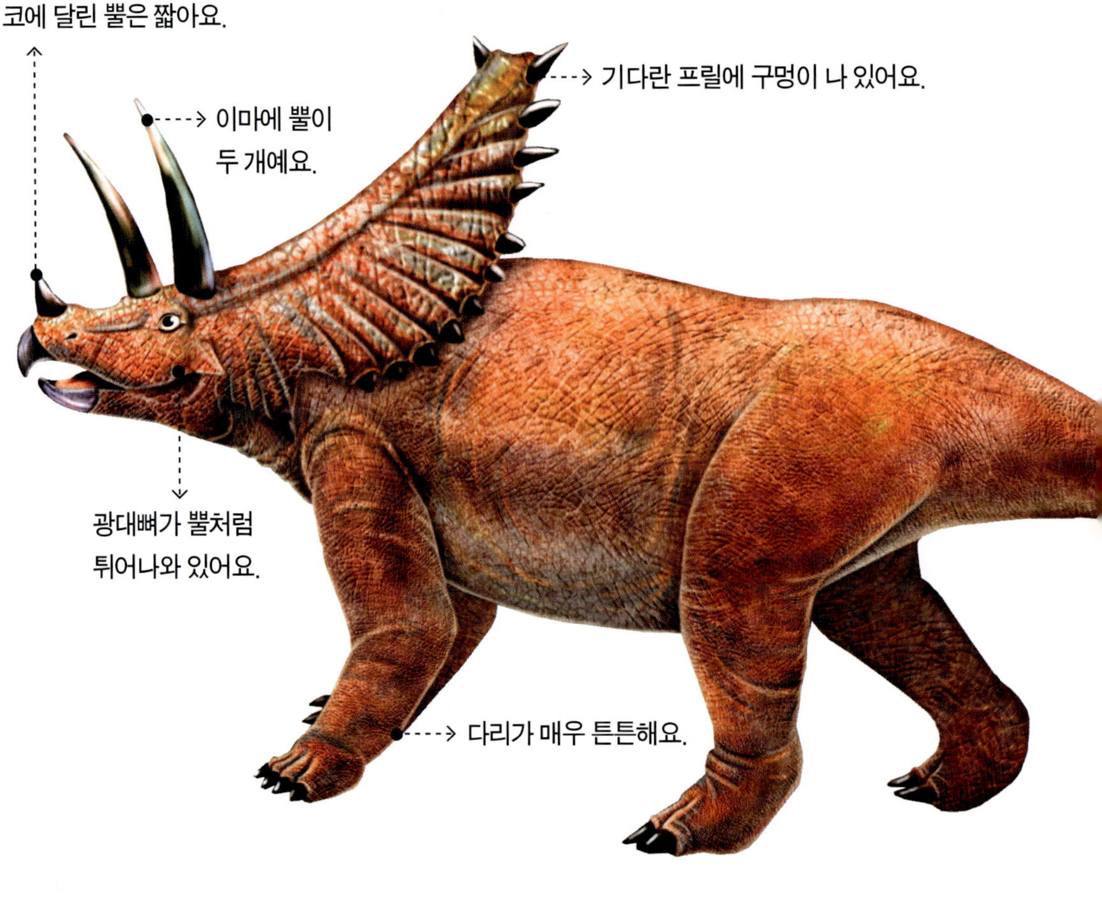

| 트라이아스기 | 쥐라기 | 백악기 |

이름의 뜻은 다섯 개의 뿔이 있는 얼굴이야!

각룡 중에서 나만큼 **뿔이 많다고 알려진 공룡** 있으면 나와 보라고 그래! 나는 머리가 커. 다른 각룡들처럼 **프릴**도 있고 말이야. 하지만, 생각보다 무겁진 않단다. 뼈로 된 **프릴 가운데에 커다란 구멍**이 뚫려 있기 때문이지.

- 분류 : 조반목/케라포다아목/케라톱시드과
- 시대 : 백악기 후기
- 식성 : 초식
- 보행 : 4족
- 몸길이 : 6~8m
- 발견지 : 미국

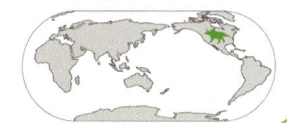

펜타케라톱스의 뿔은 몇 개?

'펜타'는 그리스 어로 '다섯' 이라는 뜻이에요. 머리 위에 큰 뿔이 두 개, 볼에 짧은 뿔이 두 개, 코 위에 짧은 뿔 한 개, 모두 합이 다섯 개! 하지만, 볼에 있는 건 뿔이라기보다는 광대뼈에 가까워요. 사실은 트리케라톱스와 같이, 뿔 세 개인 공룡이랍니다.

Centrosaurus
센트로사우루스

프릴에도 돌기가 돋아 있어요.

주둥이 위에 커다란 뿔이 앞쪽을 향해 있어요.

목뼈가 부드러워 움직이기에 좋아요.

육중한 몸에 비해 다리가 짧아요.

발가락이 벌어져 있어 몸무게를 지탱하기에 좋아요.

> 난 형 가운데가 뾰족한 도마뱀이야!

코 위의 뿔이 유난히 돋보이는 나는 센트로사우루스야! 특히, 프릴에 돌기가 뾰족뾰족 나 있어. 나는 내 친구들과 함께 캐나다 앨버타주에서 한꺼번에 발견되었지.
우린 **무리**를 이루어 생활하던 **초식공룡**이거든.

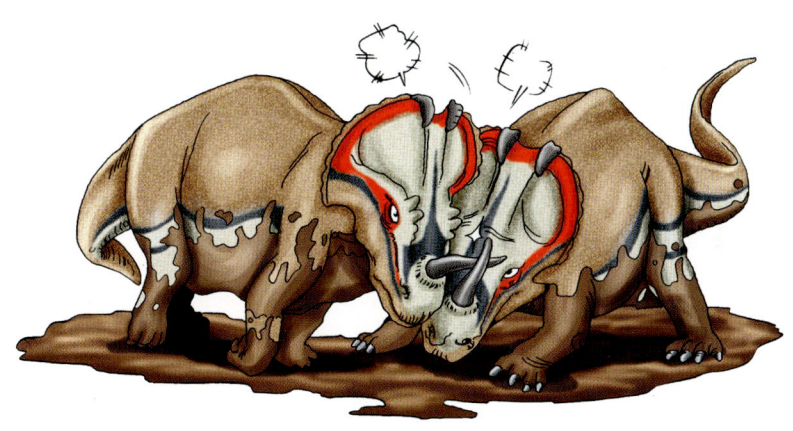

- 분류 : 조반목/케라포다아목/케라톱시드과
- 시대 : 백악기 후기
- 식성 : 초식
- 보행 : 4족

몸길이  6m

발견지 : 캐나다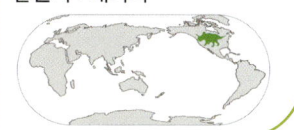

조반류-각룡류 153

골판과 골침이 난, 네 발 공룡
검룡류

검룡류는 네 발로 걸어다니며 식물을 먹고 살았어요. 대부분 작은 머리를 가지고 있었고 등에서 꼬리까지 골판과 골침이 뾰족하게 나 있답니다.

스테고사우루스

후아양고사우루스

켄트로사우루스

투오지앙고사우루스

Stegosaurus
스테고사우루스

꼬리 끝에 뼈로 된 네 개의 큰 돌기가
나 있어요. 골침이라 불러요.

뼈로 된 골판이 꼬리까지 나 있어요.
골판에서 핏줄의 흔적이 발견되었지요.

뇌가 호두알만해요.

뒷다리가 앞다리보다
훨씬 길어요.

부리같이 생긴 입 안에는
200여개의 이빨이 나 있어요.
턱 앞쪽엔 이가 없어요.

앞발엔 발가락이 다섯 개,
뒷발엔 발가락이 세 개예요.

156

| 트라이아스기 | 쥐라기 | 백악기 |

> 내 이름의 뜻은 지붕 도마뱀이야!

삐죽삐죽 등에 솟은 여러 개의 판! 정말 멋있지 않니?

이건 날개가 아니라 뼈야. 골판이라 불리는 이런 뼈가 등 위에 지붕처럼 솟아 있지.

나와 비슷한 모습의 공룡을 판룡이라고 부른단다. 어떤 과학자들은 나와 같은 판룡들이 골판으로 체온을 조절했다고 생각해. 골판에서 수백 개의 작은 혈관이 발견되었거든. 하지만, 아무리 내 골판이 멋있다 하더라도, 내 무기는 꼬리야. 저 날카로운 돌기가 보이니? 이런 돌기를 골침이라 부르는데 누구든 날 공격하려면 골침에 맞지 않으려고 애 좀 써야 했단다.

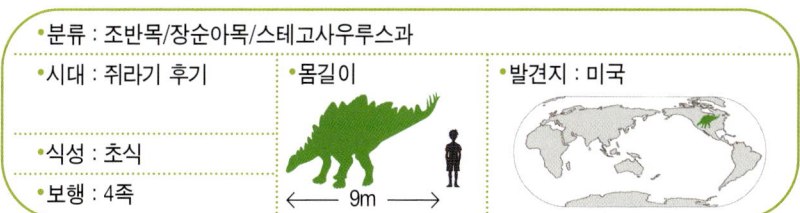

- 분류 : 조반목/장순아목/스테고사우루스과
- 시대 : 쥐라기 후기
- 몸길이 : 9m
- 발견지 : 미국
- 식성 : 초식
- 보행 : 4족

Huayangosaurus
후아양고사우루스

골판이 있어요.

입 앞쪽에 이빨이
나 있어요.

수컷들은 눈 주위에
뾰족한 뼈가 있어요.

앞다리 쪽에 거대한
골침이 나 있어요.

꼬리 끝에 창 모양의
골침이 나 있어요.

| 트라이아스기 | 쥐라기 | 백악기 |

난 후아양(쓰촨 성)의 도마뱀이야!

골판 공룡! 하면 나 후아양고사우루스가 빠질 수 없지! 안 그래? 나는 스테고사우루스보다 더 오래전에 살았어. 중국의 후양, 지금의 쓰촨 성에서 발견되었단다.

많은 친구가 나를 스테고사우루스와 혼동하는데, 내 골판은 스테고사우루스의 골판보다 작아. 더 삐죽하기도 하고 말이야.

나를 연구하는 사람들은 이 골판이 체온을 조절하는 데 쓰였다고도 하고, 다른 공룡들한테 나를 자랑하거나 위협하는 과시용으로 쓰였다고도 해.

뭐, 그렇게 여길 정도로 멋있긴 하니까, 그렇지?

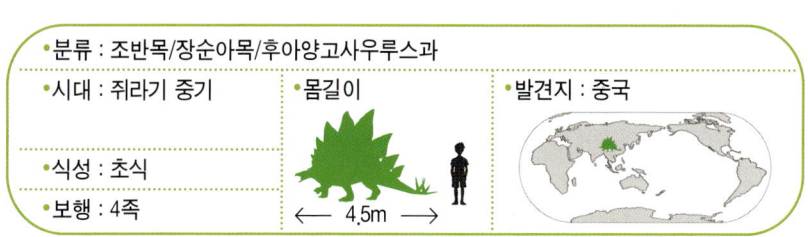

- 분류 : 조반목/장순아목/후아양고사우루스과
- 시대 : 쥐라기 중기
- 식성 : 초식
- 보행 : 4족
- 몸길이 : ← 4.5m →
- 발견지 : 중국

Kentrosaurus
켄트로사우루스

등 중간에서 꼬리까지 창처럼 생긴 골침이 나 있어요. 골침의 길이는 약 30cm 정도예요.

목과 어깨를 따라 골판이 나 있어요.

머리뼈가 길고 좁아요.

네 다리로 걸어요.

| 트라이아스기 | 쥐라기 | 백악기 |

난 뾰족한 도마뱀이야!

휘익~휘익~

조심해! 잘못하면 내 꼬리에 있는 **골침**에 찔릴지도 모르니까.

그렇다고 옆으로 피하면 어떡해! 난 **어깻죽지에도 골침이 나 있다고!** 나를 센트로사우루스와 착각하지 마! 걔는 각룡이고 난 검룡이라고~!

- 분류 : 조반목/장순아목/스테고사우루스과
- 시대 : 쥐라기 후기
- 식성 : 초식
- 보행 : 4족

← 3~5m →

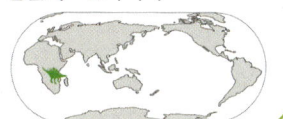
- 발견지 : 탄자니아

여기서 잠깐!

육식공룡과 초식공룡 중, 어느 쪽이 더 많았을까?

힘이 세고 난폭한 육식공룡은 초식공룡을 잡아먹었답니다. 그러니까 육식공룡보다 초식공룡이 훨씬 많아야겠지요? 초식공룡이 적었다면, 육식공룡에게 다 잡아먹혀서 하나도 남아 있지 못했을 테니까요.

Tuojiangosaurus
투오지앙고사우루스

등이 높게 구부러졌어요.

꼬리 끝에 길고 가느다란 돌기 두 쌍이 위로 뻗쳐 있어요.

꼬리가 길어요.

네 발로 걸었어요.

| 트라이아스기 | 쥐라기 | 백악기 |

내 이름의 뜻은 투오 강의 도마뱀이야!

내 이름은 투오지앙고사우루스! 스테고사우루스와 크기는 맞먹지만, 내 **골판**은 작고 귀여운 **삼각형 모양**이지. 하지만, 꼬리 끝에 네 개의 뾰족한 골침이 있으니까 조심해야 할 거야! 난 1970년 중반에 중국에서 처음 발견되었단다.

- 분류 : 조반목/장순아목/스테고사우루스과
- 시대 : 쥐라기 후기
- 몸길이  7m
- 발견지 : 중국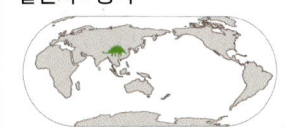
- 식성 : 초식
- 보행 : 4족

여기서 잠깐! 다음 중 검룡이 아닌 것은 무엇일까?

① 후아양고사우루스　② 켄트로사우루스
③ 투오지앙고사우루스　④ 트리케라톱스

스테고사우루스 종류는 거대한 초식공룡으로, 등에 삼각형 골판이 붙어 있어요. 꼬리와 옆구리에 뾰족한 돌기가 나 있기도 했답니다.

정답 ❹

두꺼운 갑옷 입은, 네 발 공룡
곡룡류

거북보다 더 두꺼운 갑옷으로 제 몸을 단단히 감싸고 있는 곡룡류 공룡들 역시 네 발로 걸어다니며 식물을 먹고 살았어요. 생긴 건 전혀 초식공룡처럼 보이지 않는데 말이에요. 어떤 곡룡은 꼬리에 두꺼운 쇠뭉치를 가지고 있답니다.

안킬로사우루스

에우오플로케팔루스

사이카니아

Ankylosaurus
안킬로사우루스

꼬리 끝에 뼈로 된 두꺼운 혹(곤봉)이 있는데, 강력한 방어 도구로 사용해요.

몸통은 낮고 평평하며 등은 골판으로 덮여 있어요.

갑옷 공룡이에요.

딱딱한 골침으로 몸을 보호해요.

안킬로사우루스과 중에서 제일 커요.

식물을 먹기에 적합한 잎사귀 형태의 이빨을 갖고 있어요.

뒷다리는 앞다리보다 길며 짧은 네 다리에는 네 개의 발가락이 있어요.

| 트라이아스기 | 쥐라기 | 백악기 |

내 이름의 뜻은 융합된 도마뱀이야!

어기적~ 어기적~ 어기적~

땅바닥을 느릿느릿 기어다니는 나는 **안킬로사우루스**. 키가 작다고 놀리지 마! 탱크처럼 중무장한 내 몸무게는 6톤이 넘는다고.

난 빈틈없는 **갑옷**으로도 만족하지 못해서 꼬리 끝에 **뼈 뭉치**가 있지. 이 뼈 뭉치에 다리를 맞으면 어떤 육식공룡도 무사하지 못했어. 2족 보행을 하는 육식공룡이 다리를 다친다는 건 몹시 치명적이라구! 이 뼈 뭉치는 원래 피부로 둘러싸인 뼈 돌기에서 생겨났어. 돌기들이 자라서 서로 들러붙으면서 꼬리에 융합된 거지! 그래서 내 이름이 융합된 도마뱀이란다.

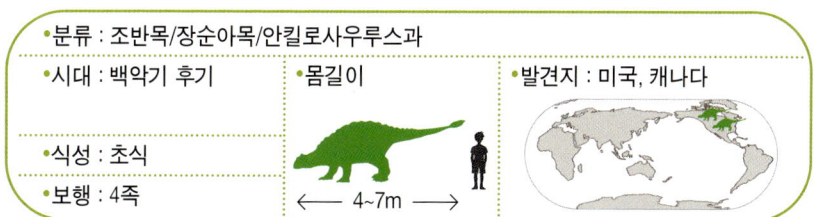

- 분류 : 조반목/장순아목/안킬로사우루스과
- 시대 : 백악기 후기
- 식성 : 초식
- 보행 : 4족
- 몸길이 : 4~7m
- 발견지 : 미국, 캐나다

Euoplocephalus
에우오플로케팔루스

꼬리 끝에 뼈로 된 큰 곤봉이 달렸어요.

몸 길이 6m, 몸무게가 3톤이 넘어 거대한 탱크 같아요.

이빨이 작고 잎사귀 모양처럼 생겼어요. 또 뿔로 된 부리가 있지요.

주로 식물을 통째로 삼키기 때문에 소화가 어려워요. 그래서 위가 크고 몸 전체가 병처럼 생겼어요.

| 트라이아스기 | 쥐라기 | 백악기 |

내 이름의 뜻은 갑옷을 두른 머리야!

안킬로사우루스나 나처럼 갑옷으로 무장한 공룡들을 **곡룡**이라고 해. 난 공격을 받으면 땅바닥에 웅크린 채, 웬만한 날카로운 무기는 거의 막아 내는 이 **갑옷**으로 날 보호하지. 방어 하나는 정말 자신 있다고!

- 분류 : 조반목/장순아목/안킬로사우루스과
- 시대 : 백악기 후기
- 몸길이  6m
- 발견지 : 미국, 캐나다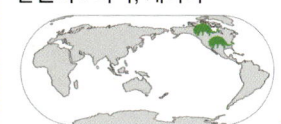
- 식성 : 초식
- 보행 : 4족

곡룡의 갑옷은 어떤 역할을 했을까?

갑옷 공룡은 등, 목, 꼬리가 질긴 가죽 같은 골판으로 덮여 있어요. 이 골판은 육식공룡의 날카로운 발톱 공격에서 몸을 지켜 주지요. 땅바닥에 납작 엎드리면 물릴 위험은 없을 것 같은 게, 꼭 거북 같지 않나요?

Saichania
사이카니아

얼굴 뒤에서 꼬리 끝까지 딱딱한 판으로 덮여 있어요.

꼬리 끝에 무거운 곤봉이 달렸어요.

긴 몸에 비해 다리가 짧아요. 짧은 다리에도 단단한 갑옷이 덮여 있어요.

콧구멍이 다른 공룡에 비해 큰 편이에요.

| 트라이아스기 | 쥐라기 | **백악기** |

> 내 이름의 뜻은 아름다운 것이야!

뭐? 내 이름과 생김새가 어울리지 않는다고? 흥! 너희가 뭐라고 하건, 이래 봬도 난, 과학자들 눈에는 **아름다운 것**이란다.

나는 1963년부터 8년 동안 **네덜란드**와 **몽골**의 조사단에 의해 발굴되었어. 그때 엄청난 크기의 갑룡, 바로 나 사이카니아가 발굴된 거지. 당시 갑룡 중에서는 최고로 컸어. 게다가 내 몸을 다시 완벽히 만들기 충분한 **뼈 화석**이 통째로 발견되었으니 과학자들이 얼마나 기뻐했겠어? 이런 경우는 매우 드물어. 그래서 그들의 눈에는 내가 정말 멋져보였나 봐. 이름을 '아름다운 것' 이라고 지어 주었으니 말이야.

- 분류 : 조반목/장순아목/안킬로사우루스과
- 시대 : 백악기 후기
- 몸길이 : 7m
- 발견지 : 몽골
- 식성 : 초식
- 보행 : 4족

딱딱한 돌머리를 가진 공룡
후두류

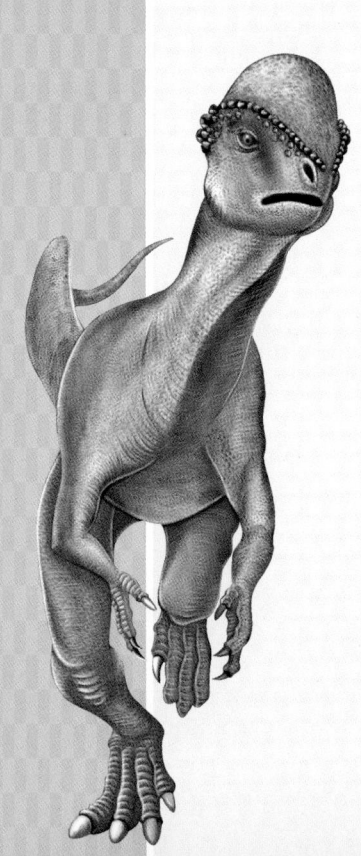

머리뼈가 매우 단단한 후두류 공룡이에요.
과학자들은 이 후두류 공룡이 무척 달리기를 잘했을 거라고 추측하지요.
몸집은 작아도 후두류 공룡에게는 '박치기'라는 강력한 무기가 있었답니다.

스테고케라스

파키케팔로사우루스

미크로파키케팔로사우루스

스테고케라스
Stegoceras

실제 머리뼈 두께 (cm)
| 1 | 2 | 3 | 4 | 5 | 6 | 7 | 8 |

머리가 단단해요.
두께가 7~8cm나 되요.

꼬리로 머리 무게의
균형을 잡았어요.

작은 이빨의 바깥쪽 가장자리는
톱 모양을 하고 있어요.

앞다리는 짧고 가늘어요.

두 발로 걸었고
매우 빠르게 움직였어요.

| 트라이아스기 | 쥐라기 | 백악기 |

내 이름의 뜻은 뿔 난 꼭대기야!

안녕? 친구?

딱 사람만한 크기인 나는 강력한 이마를 자랑하는 박치기공룡의 대표주자, 스테고케라스야!

나와 같은 종류의 박치기 공룡을 후두류라고도 한단다. 내 머리가 보이니? 머리 위에 솟아오른 혹이 전부 뼈 덩어리야. 머리뼈는 두께가 7~8cm나 되는데, 이 안에는 파키케팔로사우루스보다 큰 뇌가 들어 있단다! 뭐, 내가 더 똑똑하다는 거 아니겠니?

이렇게 단단한 머리뼈로 힘껏 달려가 상대를 들이받기라도 하는 날엔!

으~ 내가 만약 상대라면 얼른 도망가겠어!

- 분류 : 조반목/케라포다아목/후두하목/파키케팔로사우루스과
- 시대 : 백악기 후기
- 몸길이 : ← 2m →
- 발견지 : 미국, 캐나다, 몽골, 중국
- 식성 : 초식
- 보행 : 2족

Pachycephalosaurus
파키케팔로사우루스

- 25cm나 되는 두꺼운 머리 뼈를 가지고 있어요.
- 목이 짧고 두꺼워요.
- 입 주변에 혹이 나 있어요.
- 앞발가락은 다섯 개예요.
- 뒷다리가 길고 튼튼해서 빨리 달릴 수 있어요.

| 트라이아스기 | 쥐라기 | 백악기 |

> 난 머리가 두꺼운 도마뱀이야!

내 머리 좀 봐! 툭 튀어나온 머리가 정말 단단해 보이지?

후두류! 즉 '머리가 단단한 종류의 공룡'이라는 말은 내 이름에서 딴 한자말이라고! 나는 덩치가 꽤 컸어. 앞에서 본 스테고케라스보다도 말이야!

- 분류 : 조반목/케라포다아목/후두하목/파키케팔로사우루스과
- 시대 : 백악기 후기
- 몸길이 : ← 4.5~5m →
- 발견지 : 미국
- 식성 : 초식
- 보행 : 2족

파키케팔로사우루스의 머리 두께는?

사람의 머리뼈 두께는 보통 5mm 정도예요. 그런데 파키케팔로사우루스는 무려 20~25cm나 되지요. 이 책의 세로 길이보다 더 긴 거예요. 정말 어마어마한 두개골이죠? 누가 뭐래도 공룡 최고의 박치기왕이네요!

Micropachycephalosaurus
미크로파키케팔로사우루스

머리가 두꺼운 뼈로 이루어졌어요.

입 주변에 혹이 나 있어요.

목이 짧고 두꺼워요.

앞발보다 긴 뒷발은 빠르고 튼튼해요.

앞발가락은 다섯 개예요.

| 트라이아스기 | 쥐라기 | 백악기 |

내 이름은 작은 파키케팔로사우루스!

안녕? 후두류의 난쟁이, 내 이름은 미크로파키케팔로사우루스! 몸길이가 꼬리까지 1m밖에 안되지만, 나는 파키케팔로사우루스도 오르지 못한 공룡 기네스북에 오른 기록이 있다고! 그게 뭘까? 알아맞혀 봐~!

- 분류 : 조반목/케라포다아목/후두하목/파키케팔로사우루스과
- 시대 : 백악기 후기
- 식성 : 초식
- 보행 : 2족
- 몸길이  ← 1m →
- 발견지 : 중국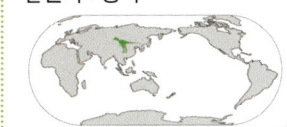

미크로파키케팔로사우루스의 기록??

작고 두꺼운 머리를 가진 도마뱀이라는 뜻의 미크로파키케팔로사우루스는 공룡 기네스북에 올랐어요. 몸집은 작지만 어떤 공룡보다도 긴 이름을 가지고 있기 때문이랍니다.

공룡과 새

익룡이 하늘을 날고 있군요. 공룡시대는 파충류의 전성시대이기도 해요. 바다, 하늘을 모두 파충류가 지배했으니까요. 하늘을 나는 파충류를 익룡이라고 불

러요. 그럼 익룡이 새의 조상일까요?

　아니에요. 새의 조상은 바로 육식공룡이랍니다. 수각류에서 작은 깃털공룡이 나왔고, 깃털공룡이 우리가 흔히 볼 수 있는 새로 진화한 것이지요.

시조새는 최초의 조류입니다. 하지만, 조류보다는 육식공룡에 더 가까운 몸이었지요. 또 날갯짓이 어설퍼서 하늘을 제대로 날 수 없었어요. 그래도, 처음이라는 게 아주 중요해요.

체온을 조절하기 위해 생겨난 깃털이 공룡을 온혈동물로 만들었어요. 깃털은 나중에 하늘을 나는 데 쓰지요. 그렇게 진화의 우연은 공룡을 새로 만들었어요.

백악기가 끝나면서 익룡은 공룡과 함께 멸종하고 말아요. 하지만, 체온조절 능력과 비행 능력을 겸비한 새는 무사히 살아남아 하늘의 지배자가 되었지요.

공룡의 기세에 눌려 있던 포유류도 다시 기지개를 켜고 번성하게 된답니다. 그 결과, 우리 인간은 새와 함께 이 지구를 살고 있지요.

공룡을 볼 수 있는 시대가 지나가서 아쉬운가요? 그러면 육식공룡의 먼 친척인 새를 바라보세요.

새의 유전자는 아직도 공룡시대의 숲 속을 기억하고 있답니다.

친구들~ 안녕~

헤엄치는 파충류에는 어룡, 수장룡, 모사사우루스류 등이 있어요. 공룡이 육지를 지배하였다면, 이들은 바다를 지배했던 파충류랍니다.

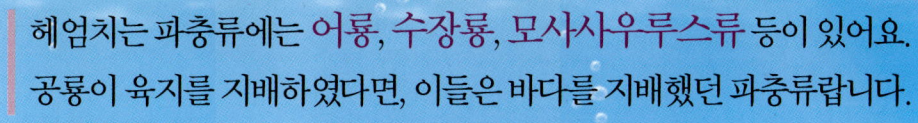

난 **플레시오사우루스**.
"뱀 목이 붙은 거북"이
내 이름의 뜻이야.

난 **크로노사우루스**.
"*크로노스 도마뱀"이
내 이름의 뜻이야.

*크로노스 : 그리스 신화에 나오는 신

난 **리오플레우로돈**.
"옆면이 부드러운 이빨"이
내 이름의 뜻이야.

공룡찾기

ㄱ
갈리미무스
Gallimimus
NO 92

시대 : 백악기 후기
몸길이 : 4~6m 보행 : 2족

고르고사우루스
Gorgosaurus
NO 52

시대 : 백악기 후기
몸길이 : 8~9m 보행 : 2족

기가노토사우루스
Giganotosaurus

시대 : 백악기 전기~후기
몸길이 : 13~14m 보행 : 2족

ㄷ
데이노니쿠스
Deinonychus
NO 80

시대 : 백악기 전기
몸길이 : 3~3.5m 보행 : 2족

드로마에오사우루스
Dromaeosaurus
NO 82

시대 : 백악기 후기
몸길이 : 2m 보행 : 2족

드워프알로사우어
Dwarf allosaur
NO 40

시대 : 백악기 전기
몸길이 : 6m 보행 : 2족

디플로도쿠스
Diplodocus
NO 110
시대 : 쥐라기 후기
몸길이 : 27~28m 보행 : 4족

딜로포사우루스
Dilophosaurus
NO 66

시대 : 쥐라기 전기
몸길이 : 6m 보행 : 2족

ㄹ
람베오사우루스
Lambeosaurus
NO 130

시대 : 백악기 후기
몸길이 : 15m 보행 : 2족과 4족

레소토사우루스
Lesothosaurus
NO 12

시대 : 쥐라기 전기
몸길이 : 1m 보행 : 2족

ㅁ
마이아사우라
Maiasaura
NO 140

시대 : 백악기 후기
몸길이 : 9m 보행 : 2족과 4족

메갈로사우루스
Megalosaurus
NO 36
시대 : 쥐라기 중기
몸길이 : 9~10m 보행 : 2족

모노클로니우스
Monoclonius
NO 148

시대 : 백악기 후기
몸길이 : 5~6m 보행 : 4족

모놀로포사우루스
Monolophosaurus

시대 : 쥐라기 중기
몸길이 : 5m   보행 : 2족

무스사우루스
Mussaurus

시대 : 트라이아스기 후기
몸길이 : 2~3m   보행 : 4족

미크로랍토르
Microraptor

시대 : 백악기 전기
몸길이 : 40~80cm   보행 : 2족

미크로파키케팔로사우루스
Micropachycephalosaurus

시대 : 백악기 후기
몸길이 : 1m   보행 : 2족

바로사우루스
Barosaurus

시대 : 쥐라기 후기
몸길이 : 26~28m   보행 : 4족

바리오닉스
Baryonyx

시대 : 백악기 전기
몸길이 : 8~10m   보행 : 2족

밤비랍토르
Bambiraptor

시대 : 백악기 후기
몸길이 : 70cm   보행 : 2족

베이피아오사우루스
Beipiaosaurus

시대 : 백악기 전기
몸길이 : 2.2~3m   보행 : 2족

벨로키랍토르
Velociraptor

시대 : 백악기 후기
몸길이 : 2m   보행 : 2족

부경고사우루스
Pukyongosaurus

시대 : 백악기 전기
몸길이 : 20m   보행 : 4족

부이트레랍토르
Buitreraptor

시대 : 백악기 후기
몸길이 : 1~1.5m   보행 : 2족

브라키오사우루스
Brachiosaurus

시대 : 쥐라기 후기
몸길이 : 25m   보행 : 4족

사이카니아
Saichania

시대 : 백악기 후기
몸길이 : 7m   보행 : 4족

센트로사우루스
Centrosaurus

시대 : 백악기 후기
몸길이 : 6m   보행 : 4족

수코미무스
Suchomimus

시대 : 백악기 전기
몸길이 : 12m   보행 : 2족

슈노사우루스
Shunosaurus

시대 : 쥐라기 중기
몸길이 : 9~10m   보행 : 4족

공룡찾기

슈퍼사우루스
Supersaurus
NO.112
시대 : 쥐라기 후기
몸길이 : 40~42m 보행 : 4족

스테고사우루스
Stegosaurus
NO.156

시대 : 쥐라기 후기
몸길이 : 9m 보행 : 4족

스테고케라스
Stegoceras
NO.17

시대 : 백악기 후기
몸길이 : 2m 보행 : 2족

스트루티오미무스
Struthiomimus
NO.94

시대 : 백악기 후기
몸길이 : 4~4.5m 보행 : 2족

스피노사우루스
Spinosaurus
NO.56

시대 : 백악기 후기
몸길이 : 16~18m 보행 : 2족

시조새
Archaeopteryx
NO.182
시대 : 쥐라기 후기
몸길이 : 30~50cm 보행 : 2족

아우스트로랍토르
Austroraptor
NO.76

시대 : 백악기 후기
몸길이 : 5~6.5m 보행 : 2족

아크로칸토사우루스
Acrocanthosaurus
NO.42

시대 : 백악기 전기
몸길이 : 12m 보행 : 2족

아파토사우루스
Apatosaurus
NO.118
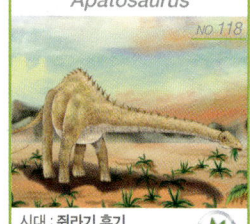
시대 : 쥐라기 후기
몸길이 : 23m 보행 : 4족

안킬로사우루스
Ankylosaurus
NO.166

시대 : 백악기 후기
몸길이 : 4~7m 보행 : 4족

알로사우루스
Allosaurus
NO.38

시대 : 쥐라기 후기
몸길이 : 10~12m 보행 : 2족

알리오라무스
Alioramus
NO.54

시대 : 백악기 후기
몸길이 : 5~6m 보행 : 2족

알사사우루스
Alxasaurus
NO.9

시대 : 백악기 전기
몸길이 : 3.5~4m 보행 : 2족

암피코엘리아스
Amphicoelias

NO. 114

시대 : 쥐라기 후기
몸길이 : 40~60m 보행 : 4족

에드몬토사우루스
Edmontosaurus

NO. 128

시대 : 백악기 후기
몸길이 : 13m 보행 : 2족과 4족

에오랍토르
Eoraptor

NO. 26

시대 : 트라이아스기 후기
몸길이 : 1m 보행 : 2족

에우오플로케팔루스
Euoplocephalus

NO. 168

시대 : 백악기 후기
몸길이 : 6m 보행 : 4족

오메이사우루스
Omeisaurus

NO. 108

시대 : 쥐라기 후기
몸길이 : 10~20m 보행 : 4족

유타랍토르
Utahraptor

NO. 78

시대 : 백악기 전기
몸길이 : 6~7m 보행 : 2족

진펭곱테릭스
Jinfengopteryx

NO. 190

시대 : 백악기 전기
몸길이 : 55cm 보행 : 2족

친타오사우루스
Tsintaosaurus

NO. 138

시대 : 백악기 후기
몸길이 : 10m 보행 : 2족과 4족

카로노사우루스
Charonosaurus

NO. 134

시대 : 백악기 후기
몸길이 : 13m 보행 : 2족과 4족

카르노타우루스
Carnotaurus

NO. 62

시대 : 백악기 후기
몸길이 : 7~9m 보행 : 2족

카르카로돈토사우루스
Carcharodontosaurus

NO. 44

시대 : 백악기 중기~후기
몸길이 : 12~13m 보행 : 2족

케라토사우루스
Ceratosaurus

NO. 64

시대 : 쥐라기 후기
몸길이 : 6~10m 보행 : 2족

케티오사우루스
Cetiosaurus

NO. 104

시대 : 쥐라기
몸길이 : 16~18m 보행 : 4족

켄트로사우루스
Kentrosaurus

NO. 160

시대 : 쥐라기 후기
몸길이 : 3~5m 보행 : 4족

코리토사우루스
Corythosaurus

NO. 136

시대 : 백악기 후기
몸길이 : 10m 보행 : 2족과 4족

코엘로피시스
Coelophysis

NO. 30

시대 : 트라이아스기 후기
몸길이 : 2.5m 보행 : 2족

191

공룡찾기

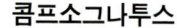

콤프소그나투스
Compsognathus
 NO.70
시대 : 쥐라기 후기
몸길이 : 1m 보행 : 2족

타르보사우루스
Tarbosaurus
 NO.50
시대 : 백악기 후기
몸길이 : 10~12m 보행 : 2족

테리지노사우루스
Therizinosaurus
 NO.96
시대 : 백악기 후기
몸길이 : 7~8m 보행 : 2족

투오지앙고사우루스
Tuojiangosaurus
 NO.162
시대 : 쥐라기 후기
몸길이 : 7m 보행 : 4족

트로오돈
Troodon
 NO.88
시대 : 백악기 후기
몸길이 : 2m 보행 : 2족

트리케라톱스
Triceratops
 NO.146
시대 : 백악기 후기
몸길이 : 8~9m 보행 : 4족

티라노사우루스 렉스
Tyrannosaurus rex
 NO.88
시대 : 백악기 후기
몸길이 : 12~13m 보행 : 2족

파라사우롤로푸스
Parasaurolophus
 NO.132
시대 : 백악기 후기
몸길이 : 9.5m 보행 : 2족과 4족

파키케팔로사우루스
Pachycephalosaurus
 NO.176
시대 : 백악기 후기
몸길이 : 4.5~5m 보행 : 2족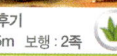

펜타케라톱스
Pentaceratops
 NO.150
시대 : 백악기 후기
몸길이 : 6~8m 보행 : 4족

프로토케라톱스
Protoceratops
 NO.144
시대 : 백악기 후기
몸길이 : 1.5~2m 보행 : 4족

후아양고사우루스
Huayangosaurus
 NO.158
시대 : 백악기 중기
몸길이 : 4.5m 보행 : 4족